성공을 부르는
결정의 힘

DECIDE & CONQUER

성공을 부르는
결정의 힘

스티븐 로빈스 Stephen P. Robbins 지음 | 이종구 옮김

시그마북스
Sigma Books

성공을 부르는
결정의 힘

발행일 2016년 2월 1일 초판 1쇄 발행
지은이 스티븐 로빈스
옮긴이 이종구
발행인 강학경
발행처 시그마북스
마케팅 정제용
에디터 권경자, 장민정, 최윤정
디자인 강경희, 한지혜, 윤수경

등록번호 제10-965호
주소 서울특별시 영등포구 양평로 22길 21 선유도코오롱디지털타워 A404호
전자우편 sigma@spress.co.kr
홈페이지 http://www.sigmabooks.co.kr
전화 (02) 2062-5288~9
팩시밀리 (02) 323-4197
ISBN 978-89-8445-753-9 (03320)

DECIDE AND CONQUER: The Ultimate Guide for Improving Your Decision Making

Authorized translation from the English language edition, entitle DECIDE AND CONQUER: THE ULTIMATE GUIDE FOR IMPROVING YOUR DECISION MAKING, 2nd Edition, 9780133966732 by ROBBINS, STEPHEN P., published by Pearson Education, Inc, publishing as Pearson FT Press, Copyright © 2015

Sigma Books is a divisions of Sigma Press, Inc.

이 도서의 국립중앙도서관 출판예정도서목록(CIP)은 서지정보유통지원시스템 홈페이지(http://seoji.nl.go.kr)와 국가자료공동목록시스템(http://www.nl.go.kr/kolisnet)에서 이용하실 수 있습니다. (CIP제어번호 : CIP2016000316)

＊시그마북스는 (주)시그마프레스의 자매회사로 일반 단행본 전문 출판사입니다.

| 차례 |

PART 03 우리 모두가 범하는 공통적인 편향성과 실수

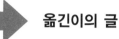

옮긴이의 글

사람들은 자기 인생에 아주 중요한 영향을 미치는 결정은 별 생각없이 너무 성급하게 해 크게 후회하는 일이 많고 사소한 결정에는 목을 매달만큼 집착하는 경우가 많다. 지금까지 의사결정에 관해 출판된 책과 논문은 수없이 많다. 그 수많은 글 속에는 다음과 같이 다소 협박조의 문구가 공통적으로 들어 있다. '사람들은 의사결정을 하는 데 실수가 많으며 그 실수로 인해 자신의 인생은 물론 자신이 속한 조직과 심지어는 국가를 망치는 일도 흔하다! 그러니까 조심하라!' 틀린 말은 아니다. 그러나 어떻게 해서 실수를 하게 되고, 어떻게 하면 극복할 수 있는지를 쉽게 전달해 주는 글은 거의 본 적이 없다. 대부분은 어렵게 설명해 놓고는 '이해하기가 쉽지 않으니 그런 일이 생기거든 전문가에게 도움을 요청하라'고 권한다. 옮긴이도 판단과 의사결정에 관한 어려운 글도 많이 썼고 극복 방법을 가르쳐 주기도 했으나 그보다는 전문가에게 도움을 요청하라고 권한 적이 더 많다. 거기에 더해 의사결정에 관한 책 무더기 속에서 비슷한 책 한 권을 더 보태 볼 요량으로 또 한 권의 책을 쓰는 도중에 『Decide & Conquer』라는 제목의 책을 접하게 되었고, 어려운 책 쓰는 작업을 자연스레 잠시 중단하게 되었다.

이 책을 읽으면서 가장 놀란 것은 저자가 이 얇은 책 속에 1950년대 이후 심리학, 경제학, 경영학 등에서 발표된 의사결정 관련 연구 결과들을 절묘하게 조직화해 실생활에 활용할 수 있도록 정리했다는 점이다. 두 번째는 중고생이나 대학생, 일반인과 고위 관리직에 이르기까지 그 어떤 독자가 읽더라도 공감할 수 있는 쉬운 예로 각자 자기 삶에 적용할 수 있도록 글을 썼다는 점이다.

우리는 개인적으로 혹은 자신이 속한 조직과 관련되어 하루에도 수없이 많은 판단과 의사결정을 한다. 크건 작건 이러한 의사결정이 모여서 개인과 조직의 운명을 결정하게 된다. 인생이 꼬이는 것을 운으로 또는 시대의 탓으로도 돌릴 수 있으나 어떤 선택을 했는가를 돌이켜 보면 대부분 거기서 꼬인 원인을 찾을 수 있다. 이는 나쁜 의사결정 방식을 바꾸면 자신의 인생을 성공 가능성이 높은 쪽으로 바꿀 수 있다는 것을 의미한다. 이 책을 보면 성공한 사람은 대부분 운보다는 적절한 시기에 올바른 의사결정을 했다는 것을 알 수 있다.

이 책은 자신의 의사결정 스타일을 파악하게 해 주며 의사결정에서 흔히 범하는 실수와 개선 방법을 제시해 주고 있다. 각 장은 매우 짧고 쉽게 쓰여져 있다. 그래서 빨리 읽는 사람은 하루 이틀이면 다 읽을 수 있다. 그러면 다 된 것인가? 판단과 의사결정이라는 학문 영역은 일상생활이나 조직에서 늘 이루어지는 실천의 학문이다. 그래서 이 영역은 심리학, 경영학, 경제학 등에서 주로 많이 연구되어 왔으나 거의 모든 학문에서도 다뤄지고 있다. 옮긴이로서 20여 년간 의사결정론을 공부해 온 사람으로서 권한다. 책을 읽었다고 해서 당장 독자의 의사결정 방식과 생활이 바뀌지는 않는다. 하지만 어디 가서 책에서 본 것을 이야기할 수는 있을 것이다. 우선 한 번 끝까지 읽어 본 후에 하나씩 실천해보고 자신의 생활과 업무에 적용해 봐야, 즉 행동으로 옮겨 봐야 변화를 경험할 것이고 그 변화가 쌓여야 인생이 바뀔 수 있는 것이다. 책의 순서대로 적용할 필요는 없다. 자신이 가장 적용하기 쉬운 것부터 또는 가장 실수를 많이 범하는 문제부터 살펴보고 고쳐나가면 될 것이다. 이 책은 일반인의 교양도서로 더없이 권하고 싶은 책이며, 조직에서는 신입이나 관리자 과정의 교재로 사용할 수 있고 대학에서는 한 주에 두세 장을 묶어 강의 교재로도 활용할 수 있을 것이다.

덧붙여 이 책에 제시된 각주는 원문에 제시된 것이 아니다. 모두 독자의 이해를 돕기 위해 옮긴이가 덧붙인 내용이다. 책 맨 뒤에는 각 장에서 참고한 주요 참고문헌들이 제시되어 있다. 과시용으로 제시된 참고문헌이 아니라 핵심이 되는 문헌만 수록되어 있어 각 장에 대해 보다 깊이 알고자 하는 독자는 참고문헌을 찾아보면 이해에 큰 도움이 될 것이다.

이번에 출간된 2판에서는 장별로 새로운 사례가 추가되었고, 네 개의 장이 추가되었다. 추가된 네 개의 장은 기존의 장을 보다 풍부하게 하기 위해 보완된 장으로 보면 된다.

비록 얇은 책이지만 이 책이 번역되어 출판되기까지 많은 분들의 도움이 있었다. 아주 길게 감사를 표현해야 할 사람은 후배이지만 공부와 프로젝트에 대해 늘 교류하며, 특히 이 책을 보내 주어 옮긴이에게 번역을 권한 Temple 대학교 경영학과의 오인수 교수다. 그는 스티븐 로빈스의 『최고의 팀을 만드는 사람관리의 모든 것The Truth About Managing People』이라는 책을 공동으로 번역한 바 있어 이 책의 초고를 자신이 번역하듯 꼼꼼히 교정해 주었다. 대구대학교 심리학과 석사과정의 김혜정은 초판과 달라진 부분을 체크하고 참고문헌 정리와 전반적인 교정 작업을 도와주었으며 끝까지 읽으면서 어색한 표현을 체크해 주었다.

끝으로 이 책의 출간을 기꺼이 허락해주신 시그마북스의 강학경 사장님과 편집진께 진심으로 감사드린다.

2015년 12월
이 종 구
gooya@daegu.ac.kr

프롤로그

의사결정의 질만큼 우리의 삶에 지대한 영향을 미치는 사안은 거의 없다. 수입의 정도, 건강 상태, 친분 관계, 전반적인 행복 수준 등은 모두 우리의 의사결정으로부터 생긴 결과이며, 우리가 내린 의사결정이 우리의 삶에 얼마나 폭넓은 영향을 미치는가를 보여 주는 단적인 예다.

좋은 결정을 내리는 것이 매우 중요함에도 불구하고 우리들 대다수는 의사결정에 관한 어떠한 공식적 훈련도 받아 본 적이 없다. 영어와 수학, 과학, 정치, 역사를 배우지 않고서는 고등학교를 졸업할 수 없다. 하지만 의사결정 과목을 배운 일이 있는가? 아마 아닐 것이다. 요리를 잘하고 싶으면 요리 강습 과정을 수강하여 이를 배운다. 그림이나 재정 분석, 질병의 치료도 마찬가지다. 하지만 사람들은 무슨 이유에서인지 공식적인 교육이 아닌 연습과 경험만으로도 좋은 의사결정자가 되는 법을 배울 수 있다고 가정한다.

조금만 관찰해 봐도 모든 사람이 항상 좋은 의사결정을 내리는 것은 아니라는 것을 알 수 있다. 따라서 연습과 경험이 의사결정 기술을 가르치는 아주 훌륭한 교사가 아닌 것은 분명하다. 나는 일부 사람들이 내리는 나쁜 결정에 계속 놀라고 있다. 사람들은 최고가에 주식을 사고 최저가에 이르렀을 때 주식을 팔아버린다. 사람들은 마치 '연속적으로 대박이 터지는' 일이 존재하는 것처럼 슬롯머신이나 다른 게임 테이블에 앉는다. 사람들은 비행기를 타는 것이 훨씬 안전함에도 항공사고의 공포 때문에 장거리를 운전해서 간다.

우리는 사람들이 의사결정을 하는 방법과 의사결정 과정을 개선하는 방법에 대해 많은 것을 알고 있다. 하지만 불행하게도 수천 건의 연구 논문을 기초로 지식들을 종합하려는 시도들은 늘 그렇듯이 장황하고 지나치게 기술적인 책이 되고 말았다. 『성공을 부르는 결정의 힘 Decide & Conquer』 초판은 이러한 상황을 바꾸기 위해 집필한 것이다. 이 책이 인생을 결정짓는 선택의 과정을 개선하는 데 도움이 되는 안내서가 되기를 바란다. 수천 건의 연구 논문들을 바탕으로 의사결정 과정을 연구한 전문가들의 수많은 지식들을 일반인들이 쉽게 읽을 수 있고 실제로 응용할 수 있도록 쉬운 언어로 전달하고자 하였다. 나는 이 개정판을 쓰면서 연구 결과와 사례들을 업데이트했으며 새로 몇 개의 장을 추가했다. 이 책은 여전히 짧고 간결하며, 읽기 쉬운 책이지만 가장 최신의 연구 결과들을 담고 있으며, 더 나은 의사결정을 위한 도구가 될 수 있을 것이다.

'더 나은better' 의사결정을 위한 수단을 제공해 준다는 것은 '올바른right' 의사결정을 내리도록 도와주는 것과는 다르다는 것을 명심하기 바란다. 이 책은 문제를 구조화하고 분석하는 올바른 방법을 보여주기 위해 집필한 것이다. 이 책은 최종 의사결정에 이르기까지 사람들이 시용하는 과정에 초점을 두고 있다. 그 이유는 좋은 의사결정이란 의사결정에 사용된 과정에 의해 판단되는 것이지 의사결정에 의해 초래되는 결과로 판단되는 것은 아니기 때문이다. 어떤 경우에는 '훌륭한 결정'의 결과가 바람직하지 않은 결과를 가져올 수도 있다. 만일 올바른 과정을 사용했다면 결과에 관계없이 훌륭한 결정을 한 것이다. 그래서 나는 무엇을 결정해야 하는가를 말하는 것이 아니라, 어떻게 결정해야 하는가를 이야기하고 있다. 불행히도 운이 결과에 영향을 미치기 때문에 올바른 의사결정 과정을 사용했다고 해서 그 결과가 반드시 바람직할 것이라고 확신할 수는 없지만 바람직한 결과를 가져올 가능성은 분명 증가한다.

이 책은 다섯 부분으로 이루어져 있다. Part 1에서는 의사결정이 우리가 하는 모든 일과 관계가 있으므로 우리 모두 올바른 의사결정 방법을 익혀야 할 필요가 있다는 점을 강조하고 있다. Part 2에서는 의사결정 과정의 개선은 개인의 성격 특성을 이해하는 것에서 출발하며, 성격 특성에 따라 어떠한 의사결정 과정을 선호하는가를 보여 준다. Part 3에서는 의사결정의 효율성을 저해하는 편향성^{biases}과 무턱 댄 지름길의 사용에 대해 상세히 설명한다. Part 4에서는 의사결정을 개선할 수 있는 여러 가지 통찰력에 대해 설명하고, 마지막으로 Part 5는 이 책을 읽으면서 반드시 기억해야 할 것들에 대한 간략한 요약을 담고 있다.

이 책은 서로 다른 두 부류의 기여자들 덕분으로 출판되었다. 첫 번째는 인간의 판단과 의사결정에 관한 심리학을 연구하고 그 연구 결과를 우리와 공유한 학자들이다. 이 책에서 보여 주는 통찰력은 대니얼 카네만Danial Kahneman, 아모스 트버스키Amos Tversky, 허버트 사이먼Herbert A. Simon, 바루크 피시호프Baruch Fischhoff, 폴 슬로비치Paul Slovic, 리처드 탈러Richard Thaler 등과 같은 수백 명의 학자들이 수십 년 동안 연구한 결과의 산물이다. 내 역할은 텔레비전의 뉴스 앵커와 비슷한 것이다. 뉴스 앵커가 뉴스를 만들지는 않는다. 앵커는 뉴스를 보도할 뿐이다. 이와 마찬가지로 내가 이 책의 연구 결과를 '만들어 낸' 것은 아니다. 나는 단지 그것들을 알릴 뿐이다. 다시 말해, 나는 행동적 의사결정 분야에서 이루어진 수천 가지의 연구 결과를 살펴보고 이를 쉽게 이해하고 사용할 수 있는 형태로 번역하였다.

두 번째 기여자는 이 책의 출판을 맡아준 출판사 직원들이다. 샬럿 메이오라나, 에이미 니들링거, 조디 켐퍼, 크리스티 하트, 일레인 와일리, 글로리아 슈릭, 에리카 밀렌, 지닐 브리즈, 제스 디가브리엘, 셔티 프레이저시트에게 감사드린다. 이 책이 출판되도록 도와준 모든 이들에게 감사의 뜻을 전한다.

스티븐 로빈스Stephen P. Robbins

PART

01

{ }

서론

DECIDE & CONQUER

당신은 누구인가, 그리고
당신이 무엇이 될 것인가(또는 되고 있는가)는
상당 부분 당신의 선택에 의해 결정된다.

chapter 1

의사결정이 당신의 인생을 좌우한다

당신은 어떻게 이렇게 되었는지 알고 있다.
당신은 21살, 22살이었고, 어떤 결정을 내렸다.
그리고 휘익!– 당신은 70살이 되었다.
– T. 와일더T. Wilder

사람들의 일상적인 나날들은 수많은 의사결정들로 가득 차 있다. 아침 몇 시에 일어나야 할까? 검정 구두를 신을까, 아니면 갈색 구두를 신을까? 아침으로는 무엇을 먹을까? 차에 기름을 아침에 넣을까, 아니면 퇴근길에 넣을까? 직장에 도착해서는 무엇을 먼저 해야 하나, 이메일 회신부터 할까, 미결 서류를 검토할까, 음성 메일을 들을까, 동료들과 회의를 할까?

직장에서 하루 종일 일하는 동안 이러한 수십 가지 일상적인 결정들을 하게 된다. 그리고 퇴근하더라도 이러한 선택에서 풀려나는 것은 아니다. 집에서 저녁을 먹을까, 아니면 외식을 할까? 언제 신문을 읽고 메일을 읽을 것인가? 오늘 밤에는 TV를 볼 것인가, 그렇다면 어떤 프로그램을 볼까? 가족과 친구들에게 전화를 걸

chapter 1 의사결정이 당신의 인생을 좌우한다 19

어야 할*까*?

가끔이지만 중요한 의사결정을 할 필요가 있을 때면 항상 기계적인 의사결정들이 연속되는 생활이 중단되기도 한다. 예를 들면, 자동차 변속기가 고장났을 때 이를 고치기 위해 2,500달러를 지출해야 하는지, 아니면 새 차를 알아봐야 하는지를 여러분은 결정해야 한다. 여러분이 데이트해 온 상대가 당신이 현재 살고 있는 아파트를 버리고 한 집으로 함께 이사하기를 원한다면…. 사장이 구조조정을 결정해 상사가 여러분에게 이제 당신의 자리는 없어졌으니 급히 다른 직장을 구하라고 충고한다면….

의사결정보다 더 인간을 에워싸고 있고, 인간의 특징을 잘 나타내는 활동은 거의 없다. 우리 중 어느 누구도 이러한 선택을 피하면서 살 수는 없다. 사실, 자녀를 양육하는 부모의 가장 기본적인 과업 중 하나는 아이들 스스로 의사결정을 할 수 있도록 준비시키는 것이다.

의사결정이란 광범위한 것이다. 청혼의 수락과 같은 큰 결정에서부터 식료품 가게에서 어떤 식품을 살 것인가

> 당신은 누구인가, 그리고 당신이 무엇이 될 것인가(또는 되고 있는가)는 상당 부분 당신의 선택에 의해 결정된다.

와 같은 일상적 생활의 선택까지 모든 것을 망라한다. 재미있는 것은, 많은 사람들이 의사결정이라는 것을 결혼, 자녀, 대학, 직업, 주택 구입과 같은 큰 결정의 관점에서만 생각한다는 것이다. 그러나 일상생활에서 우리가 내리는 수십 가지의 결정이 우리 인생을 좌우하는 더

큰 힘으로 작용한다. 시간 계획을 짜는 데 문제가 있어 직장이나 중요 모임, 사회적 행사에 늘 늦는 사람이 있다. 그런 습관은 직무 수행 평가(소위 말하는 인사고과)와 사적인 관계에 좋지 않은 영향을 미칠 것이다. 아침 몇 시에 일어날 것인가, 또는 데이트를 위해 몇 시에 출발할 것인가와 같은 겉으로 보기에 사소한 결정이 직업을 잃거나 친구들과 소원하게 되는 결과를 가져오게 한다. 많은 경우, '운이 없는' 사람은 실제로도 몇 가지 나쁜 선택을 한 사람이다. 학교를 일찍 그만두었거나, 마약을 하면서도 중독되지 않을 것이라고 믿었거나, 어리석은 투자를 했거나, 직업을 얻는 데 필요한 기술을 익히지 못했거나 또는 그러한 기술을 지금까지 유지하지 못했거나, 너무 오래 미루다가 큰 사업 기회를 놓쳤거나, 계약서의 '작은 글씨'들을 읽을 필요가 없다고 생각했거나, 술을 마시고 운전해도 괜찮을 것이라고 생각했던 사람들이다. 우리가 하는 선택들은 크건 작건 간에 가볍게 여겨서는 안 된다. 그렇게 한다면 우리의 미래는 운명의 손에 맡겨질 것이다.

  많은 사람들은 우리의 선택이 우리의 인생을 좌우한다는 명백한 사실을 간과하고 있다. 당신은 누구인가, 그리고 당신이 무엇이 될 것인가(또는 되고 있는가)는 상당 부분 당신의 선택에 의해 결정된다. 워렌 버핏, 오프라 윈프리, 리처드 브랜슨, 스티븐 스필버그, 페이튼 매닝이 직업상 탁월한 업적을 남긴 것은 행운 덕택이 아니다. 그리고 흡연자들이 폐암으로 죽게 될 확률이 현저하게 증가하는 것, 또는 정기적으로 저축한 사람들이 그렇게 하지 못한 사람들보다 노년에 가난하게 될 확률이 적은 것은 운 때문이 아니다. 제대로 교육 받고 재능과 연줄을 가진 많은 사람들의 인생이 꼬이게 되는 것은 그들이 잘못된 선백을 했기 때문이다. 그리고 평범한 재능과 최소한의 기회민을 가졌던 사람들이 만족스럽고 부유한 삶을 사는 것은 훌륭한 결정을 내리는 방법을 배웠기 때문이다. 사실 우리가 자주 운의 탓으로 돌리는 것들은 운이 아닌 적절한 시기에 올바른 선택을 한 것에 불과하다.

행운의 많은 부분은 훌륭한 의사결정으로 이루어져 있다. 내가 주장하고자 하는 요지는 대개의 경우 인생의 질을 결정하는 가장 중요한 요소가 의사결정의 질이라는 것이다.

좋은 소식은, 의사결정 기술을 개선시킬 수 있다는 것이다. 의사결정 기술이 인생의 성공에 결정적인 역할을 함에도 불구하고 우리들 대부분은 의사결정 방법에 대해 전혀, 또는 아주 조금밖에 훈련받지 못했으며 희생과 손실을 동반하는 직접적인 경험 외에는 이를 배울 방법이 없었다. 보다 효과적인 의사결정 방법에 대한 기본적인 지식을 배우기 위해서는 얇고 쉽게 읽을 수 있는 요약된 책이 필요하다. 바로 이 책이다! 이 책에서 최적의 의사결정을 위한 단계와 올바른 의사결정이라는 목표 달성을 저해하기 때문에 알아둘 필요가 있는 장애물들에 대해 배우게 될 것이다.

여행을 시작하기 전에 한 가지 경고한다. 완벽한 의사결정 기술을 가지고 있다고 해서 여러분의 모든 의사결정의 결과가 장밋빛으로 보장되는 것은 아니다. 훌륭한 의사결정 기술은 결과가 아니라 의사결정에 이르는 과정에 초점을 두고 있다.

결과를 통제할 수는 없다. 다만 결과에 이르는 과정을 통제할 수 있을 뿐이다. 그러나 속담에서 말하듯이, 경주가 늘 빠른 것도 아니고 전투가 늘 격렬한 것도 아니다. 하지만 이들 모두 확률적 방식을 취하고 있다. 의사결정 기술을 개선하는 것은 인생의 경주와 전투에서 승리할 확률을 높여 줄 것이다.

의사결정 Tip

- 의사결정은 인생에서 가장 중요한 기술 중 하나다.
- 의사결정 기술은 개선시킬 수 있다.
- 통제할 수 있는 것은 의사결정 과정이다. 의사결정의 결과는 통제할 수 없다.

chapter 2

합리성의 추구

먼저 사실을 모으라,
그리고 이를 원하는 대로 왜곡시켜라.
－마크 트웨인*Mark Twain*

숀 노리스는 대다수의 학생들이 열일곱 살, 열여덟 살이 되면 해야 하는 결정에 직면해 있다. 고등학교 졸업반인 숀은 어느 대학을 가야할 것인가를 결정하려고 한다.

대학을 고르는 것은 중요하고 어려운 결정이다. 이는 숀이 앞으로 4년을 어디에 있어야 할지를 결정할 뿐 아니라 남은 인생의 방향을 잡는 결정이다. 숀은 이와 같이 중요한 결정에 가볍게 접근하지 않았다.

숀은 먼저 자신이 원하는 대학의 기준을 정리한 리스트를 만들었다. 그는 방학이나 추석과 같은 장기간의 휴일에는 운전해서 집에 올 수 있는, 고향에서 너무 멀리 떨어지지 않은 지역을 희망했다. 대학에는 그가 진정으로 전공하기를 원하는 회계학과가 있어야 했다. 그는 또한 평판이 좋은 학교를 원했다. 숀의 가족들은 그들이 지원해 줄 수 있는 연간 학비가 1만 5천 달러이므로 숀이 가고 싶은 학교의 학비가 이보다 높다면, 이에 대비해서 재정 지원이나 파트타임 직업을 구하기 쉬운 학교를 선택해야 한다는 점을 숀에게 상기시켰다. 심사숙고 끝에 숀은 리스트에 다음의 몇 가지 기준을 더 추가하였다. 대학 연합 골프 팀이 있는 곳일 것, 남녀 학생 비율이 적절할 것, 남녀 학생 클럽 제도가 활성화되어 있는 곳일 것.

자신이 만든 리스트를 아버지에게 보여 주자, 아버지는 리스트에 있는 모든 기준들이 똑같이 중요한 것은 아니라는 점을 지적했다. 예를 들면, 학비와 회계학 전공의 유무는 남녀 학생 비율보다는 훨씬 더 중요한 문제다. 숀은 이에 동의하여 각 기준들을 1에서 10까지 가중치를 두어 우선순위를 매겼다. 그 다음에는 학교의 상담교사와 만나고, 지역 도서관과 인터넷을 통해 입학을 고려하고 있는 모든 대학의 리스트를 만들었다. 이러한 노력으로 약 20개 대학이 포함된 선택 대안 집합이 만들어졌다. 이 모든 노력 후에 숀은 20개 대학을 자신이 만든 기준에 비추어 평가하기 시작했다. 그는 각 학교에 대한 자료를 읽고 대학 졸업생과 이야기해 보고 가장 적절하다고 여겨지는 대여섯 군데의 캠퍼스를 찾아가 봄으로써 '자세한 정보를 가진 소비자'가 되었다. 가고 싶은 대학을 평가하기 위해 미리 만들어 둔 기준과 가중치에 따라 각 대학들을 비교해 보게 되자 각 대학의 장점과 단점이 명확해졌다. 마침내 숀은 가장 높은 평가를 받은 대학을 찾아냈고 그 대학을 제1지망 대학으로 정했다.

손이 거친 과정은 힙리직 의사결징 과정이라 할 수 있나.[1] 이를 합리적이라고 부를 수 있는 것은 손이 자신이 가진 여러 제약 조건 속에서 일관성 있고 가치를 극대화하는 선택 대안을 찾았기 때문이다.[2]

훌륭한 의사결정은 합리성에 토대를 둔다. 왜 그런가? 충동적인 감정과 경험보다는 논리와 신중한 분석, 완전한 정보를 얻기 위한 세심한 탐색에 기반을 둔 의사결정이 더 나은 결과를 가져오기 때문이다. 합리성을 추구한다는 것은 여러 가치들을 비교하여 이를 명확하게 하고 우선순위를 일관되게 하는 것이다. 이는 또한 당신의 인생 목표를 달성하기 위한 가장 빠른 지름길을 제공한다. 두 점 사이를 가장 짧은 거리로 이어주는 선이 직선이듯, 지금의 여러분과 여러분이 미래에 원하는 바를 가장 짧게 이어주는 것이 합리성이다.

> 합리성을 추구한다는 것은 여러 가치들을 비교하여 이를 명확하게 하고 우선순위를 일관되게 하는 것이다.

합리적 의사결정은 다음과 같은 여섯 가지 표준 절차를 따른다.[3]

① **문제를 구조화하고 명확히 한다.** 문제는 현재 상태와 원하는 상태 간의 괴리가 있는 곳에 존재한다.

② **의사결정의 기준을 정한다.** 이 단계는 의사결정에서 무엇이 적절한지 또는 중요한지를 명확히 하는 것이다. 이 단계에서는 의사결정자의 관심, 가치, 목표, 그리고 개인적 선호가 개입된다. 보다 중요한 것은 의사결정 기준을 정하는 이 단계에서 서로 비슷한

상황에 있는 사람들도 종종 매우 다른 선택 결과를 보인다는 사실이다. 어떤 사람이 매우 적절하다고 생각하는 기준을 다른 사람들은 그렇지 않다고 생각할 수 있기 때문이다. 합리적 의사결정 과정 중 이 단계에서 확인되지 않은 모든 요인은 의사결정자와 무관한 것으로 간주되며 의사결정의 결과와도 관계가 없다.[*]

③ **결정 기준의 가중치를 정한다.**[**] 모든 결정 기준들의 중요도가 동등하지 않기 때문에 의사결정자는 앞서 정한 기준들의 올바른 우선순위를 정하기 위해 중요도에 따라 가중치를 부여한다.

④ **대안을 찾는다.** 문제를 해결하기 위해 가능한 모든 대안들을 찾는 단계다.

⑤ **각 대안을 평가한다.** 앞서 찾은 대안들을 엄격하게 분석하고 평가해야 한다. 이를 위해 각 대안들을 단계 3의 결정 기준에 따라 채점한다. 단계 2와 단계 3에서 만든 기준과 가중치에 의해 비교가 이루어지면 각 대안들의 장단점이 명확하게 드러날 것이다.

⑥ **가장 높은 점수를 얻은 대안을 선택한다.** 마지막으로, 가장 높은 점수를 얻은 대안을 선택하는 것으로 의사결정 과정이 마무리된다. 이것이 최적의 선택이다.

----

[*] 이 단계에서 의사결정자는 의사결정 중에 자신이 고려해야 할 모든 대안들과 의사결정의 결과에 영향을 미칠 수 있는 모든 요소를 충분히 확인하여 이를 의사결정 기준에 반드시 포함해야 한다.

[**] 여기에서 표현한 '결정 기준'이라는 용어는 의사결정 문헌에서 주로 '속성 attribute'이라는 말로 사용된다. 대학 선택의 예에서 대학의 평판, 장학 혜택, 교수진, 취업률 등이 속성에 해당한다.

손이 대학을 선택할 때 사용했던 것이 바로 이 과정이나. 그는 문제를 규정하고, 갈 수 있는 대학을 찾았다. 그는 결정 기준을 정했고 중요도를 생각해서 가중치를 부여했다. 손은 고려해야 할 대학의 리스트를 만들었으며 신중히 각 대학을 평가하여 그가 원하는 가장 훌륭한 대학을 선택했다.

손이 합리성을 추구하지 않았다면 그의 선택은 어떻게 되었을까? 여기에 몇 가지 비합리적인 시나리오가 있다. 첫 번째, 손은 암묵적으로 좋아하는 한 대학을 마음속에 정해 놓고 그 대학을 기각할 이유를 찾는 방식을 택할 수도 있다. 두 번째, 그는 많은 재정적 지원을 제공하기로 약속한 오직 한 학교만을 염두에 두고 다른 목표나 선택 기준을 무시할 수도 있다. 세 번째, 유명한 골프 코치가 있는 학교에 가기로 결정할 수도 있다. 네 번째, 다양한 대학의 홍보 자료만을 읽고 선택할 수도 있다. 이러한 접근 방법들은 손이 한 결정을 후회하게 만들 가능성이 높다. 심지어 불행해지거나 다른 학교로 옮기게 되거나 학교를 그만두게 될지도 모른다.

목표는 반드시 합리적 의사결정을 통해 성취되어야 한다. 특히 아주 중요한 인생의 전환점에 있을 때는 더욱 그렇다. 나는 이 책을 통해 여러분이 보다 합리적인 결정을 내릴 수 있도록 몇 가지 제안을 통해 여러분을 도와줄 것이다. 하지만 여러 가지 이유로 합리성은 현실보다는 이상에 더 가깝다. 그래서 당신은 의사결정을 할 때 가능한 합리적이 되려고 노력해야 할 것이다.

의사결정 Tip

- 가능한 합리적 의사결정 과정을 이용하라.
- 특히 아주 중요한 인생의 전환점에 있을 때는 시간을 들여 신중하게 합리적인 의사결정 과정을 따라야 한다.

chapter 3

합리적이기 힘든 이유

결코 의사결정에 필요한 모든 정보를 다 얻을 수는 없다.
만약 그랬다면 그것은 기왕지사에 대한 결론이지 의사결정이 아니다.
– 무명

수천 명에 이르는 사람들이 2001년 9월 11일 테러리스트의 공격 이후 항공 여행 계획을 취소했다. 하지만 9.11테러 이후 즉각적으로 생겨난 테러에 대한 공포가 합리적인 반응인가? 대답은 아마도 '아니오'일 것이다. 통계를 신중하게 검토해 보면, 테러리즘에 대한 언론의 집중된 관심과는 달리 테러 공격보다 의료 과실로 죽을 확률이 5,882배나 더 높다는 사실을 알 수 있다. 실제로 테러 공격으로 인한 사망보다 자다가 우발적 질식으로 사망할 확률이 12배나 더 높다.[1] 이러한 통계가 보여 주는 것처럼, 이번 장에서는 합리적이 되는 것이 결코 쉽지 않다는 것을 설명할 것이다.

합리

적인 사람이라면 테러리스트에 의한 항공 사고보다는 자신의 자동차 사고로 인한 죽음을 더 두려워할 것이다. 사실, 통계에 의하면 테러리스트가 1년에 50대의 항공기를 납치해 모든 탑승객을 살해한다고 가정해야 같은 거리를 운전하는 것보다 더 위험한 것으로 나타난다. 이런 통계에도 불구하고 사람들은 테러리즘에 대해 비이성적으로 행동한다. 그 이유는 무엇일까? 첫 번째, 사람들은 대규모 재난이 일어날 가능성이 낮음을 제대로 평가하지 못한다는 분명한 증거가 있다. 두 번째, 테러의 희생자가 될 실제 위험성이 작지만은 않다는 것이다. 그것은 알 수 없다. 어쩌면 심리적 공황상태를 이용해 이득을 보는 언론과 정치인들의 손에 놀아난다고 생각할 수도 있다. 그리고 세 번째, 비합리적인 것에 대해 합리적이기 어렵다는 것이다. 사람들을 죽이고 천국에 가면 영웅이 된다고 확신하는 자살 테러범의 행동을 어떻게 이해하고 예측할 수 있겠는가?

아무리 좋은 의도를 가지고 있더라도 합리성을 추구하는 데 어려움을 주는 장벽이 존재한다.[2] 합리적 의사결정을 하려면 다음과 같은 비현실적인 전제들이 지켜져야 하는데, 현실에서는 그렇게 하기가 쉽지 않다.[3]

- **문제가 분명하고 명백해야 한다.** 합리성은 의사결정자가 문제를 완전히 이해한다고 가정한다. 그러나 현실에서 마주치는 문제들은 통상적으로 복잡하며 무엇이 원인이고 무엇이 효과(결과)인지가 상당 부분 불분명하다. 그 결과 우리는 종종 엉뚱한 문제에 초점을 맞추게 되고 문제와 겉으로 드러난 증상을 혼동하게 되며, 문제가 있다는 것조차 무시하고 부정하게 된다.
- **의사결정자는 적절한 평가 기준과 대안들을 모두 찾을 수 있어야 한다.**

현실 세계에서 인간은 평가 기준과 대안을 찾는 능력이 제한되어 있다. 우리는 눈에 보이고 명백한 것에 초점을 맞추는 경향이 있다. 나아가 우리의 편향성과 개인적인 선호는 선택 가능한 모든 대안이 포함된 리스트 작성을 방해한다.

■ **평가 기준과 대안들은 중요성에 따라 순위와 가중치가 매겨질 수 있어야 한다.** 통상적으로 문제들은 복합적인 경향이 있기 때문에 평가 기준과 대안에 대해 객관적으로 순위와 가중치를 부여하는 일이 힘들다.

■ **별다른 어려움 없이 완전한 정보를 얻을 수 있어야 한다.** 합리성은 우리가 충분하고도 사려 깊은 선택을 하는 데 필요한 모든 정보를 얻을 수 있다고 가정한다. 현실에서는 시간과 비용의 제약으로 완전한 정보를 얻는 것이 불가능하다.

■ **의사결정자는 각 대안들을 정확하게 평가할 수 있어야 한다.** 합리성은 의사결정자가 각 대안에 대한 완전한 정보를 가지고 이미 만들어진 평가 기준과 가중치에 따라 각 대안을 평가할 것이라고 가정한다. 그러나 현실 세계에서는 합리적 의사결정을 위해 필요한 완전한 정보는 결코 구할 수 없다. 또한 오로지 이미 만들어진 평가 기준과 그 평가 기준의 중요성에 따라 매겨진 가중치만을 적용하여 대안을 평가하는 일은 매우 어렵다. 다시 말해, 우리는 자주 관련이 없는 평가 기준을 사용하거나 감정 때문에 판단이 흐려지기도 한다.

비현실적인 가정에 더하여, 우리의 의사결정 과정에는 편향성과 오류*가 체계적으로 스며 있어 그것이 합리성을 저해한다. 편향성과 오류는 의사결정 과정을 단축시키려 할 때 나타난다. 노력을 최소화하고 힘겨운 취사 선택을 피하기 위해 우리는 경험과 충동, 본능적인 감정과 편리한 '어림짐작'에 너무 많이 의존하고 있다. 많은 경우, 지름길은 도움이 된다. 그러나 지름길은 합리성에 심각한 왜곡을 가져다줄 수 있다. 이 책의 뒤에서 이러한 편향성과 오류에 대해 상세히 설명할 것이다. 지금은 몇 가지 편향성과 오류가 지닌 저항하기 어려운 강한 흡인력에 대해서만 이야기하고자 한다.

① **우리는 앞날을 계획하지 않는다.** 우리들 대부분은 장기적인 관점에서 생각하지 않고 이를 어려워한다. 그 결과, 우리는 순간적인 충동에 따라 반응하고, 우선순위를 일관성 있게 추구하지 못하며, 목표로 가는 올바른 길에서 이탈하는 경향이 있다.

② **우리는 과신하고 있다.** 우리 대부분은 우리의 지식과 능력에 대해 과신하고 있다. 이 때문에 우리는 선택 대안에 대한 분석은 거의 하지 않으며, 최선의 선택을 할 수 있는 능력에 대해 너무 낙

---

*   이 책에서 'decision error'는 문맥에 따라 의사결정의 오류 또는 실수로 번역하였다.

관하고 있다.

③ **우리는 과거 경험에 너무 많은 것을 의존하고 있다.** 경험은 우리에게 많은 것을 가르쳐 주지만 우리의 생각을 제한하기도 한다. 특히 우리가 새로운 상황이나 경험하지 못한 상황에 직면했을 때 경험이 우리의 생각을 제한한다. 경험에 과도하게 의존하는 것은 창의적인 대안들을 전개해 나가는 것을 억압한다.

④ **우리는 실상 과거로부터 별반 배우는 것이 없다.** 우리의 기억은 매우 선택적이며, 우리는 자존감을 유지하고 강화하기 위해 과거의 경험을 재해석하는 데 매우 능숙하다. 그러므로 우리는 과거의 성공과 실패를 비현실적으로 평가하여 마땅히 봐야 할 문제들도 종종 놓치곤 한다.

합리성은 우리가 문제를 완벽하게 규정할 수 있다고 가정한다. 적절한 평가 기준을 모두 찾을 수 있으며 목표와 가치, 이해관계에 따라 모든 평가 기준에 정확한 가중치를 부여할 수 있다고 가정한다. 또 모든 적절한 대안들을 찾을 수 있으며, 모든 대안들을 정확히 평가하고 비교하여 최선의 대안을 찾을 수 있다고 가정한다. 앞서 말했듯이, 우리는 완전한 존재가 아니다. 합리성의 밑바탕에 있는 미숙한 가정과 인간의 불완전성 사이에서 우리 모두는 종종 비합리적으로 행동한다.

우리가 합리성을 유지하기 어렵다는 것이 우리가 내리는 결정들이 언제나 틀리다는 것을 의미하지는 않는다. 우리의 한계에도 불구하고 우리들 중 다수는 실제적으로 상당히 훌륭한 의사결정을 하고 있다. 그 이유 중 하나는 일부 사람들은 '비합리성을 다루는' 비결을 알고 있다는 것이다. 그들은 자신이 가진 편향성을 알고 있으며 어떻게 하면 편향성의 영향을 최소화하는지도 알고 있다. 여러분도 이 책을 다 읽을 때쯤이면 읽기 전보다 훨씬 더 그 일을 잘 하게 될 수 있을 것이다.

그러나 의사결정에 관한 심리학을 거의 알지 못하는 대부분의 사람들도 그들이 가진 제한된 지식으로 소기의 성과를 얻어내는 것처럼 보인다. 그 이유는 무엇일까? 첫째, 답이 너무 뻔해서 올바른 또는 최적의 선택을 하기 쉬운 경우가 많다. 둘째, 많은 경우 폭넓은 범위의 대안들이 최적의, 또는 최적에 가까운 해결 방안을 가져다준다.* 그리고 셋째로, 만족스러운 해결 방안이 해결 방안으로 충분한 경우[4]가 흔하다.** 현실 세계에서는 모든 의사결정이 수십 개의 선택 대안을 가지는 것이 아니며, 대안이 많다 하더라도 대부분은 명백히 열등한 경우가 많다.*** 새 TV를 사려고 한다면 대개 베스트 바이나 월마트, 아마존닷컴에서 전시해 놓은 물건을 살펴보게 될 것이다. 스크린 크기, 모양, 가격 등 당신이 정한 평가 기준을 적용하면 종종 하나의 선택만이 나타난다. 그 과정을 거쳤을 때 하나가 아니라 서너 개의 제품이 나타

----

* 좋은 대안이 많아서 하나의 대안만이 최적의 대안이 아니라 여러 좋은 대안 중 어느 것을 선택하더라도 훌륭한 선택이 되는 경우를 말한다.

** 만족스러운 선택이란, 선택한 대안이 지닌 속성값들이 모두 의사결정자가 만족할 만한 기준을 넘는 경우를 말한다. 만족스러운 선택을 할 경우 모든 대안을 고려하는 것이 아니라 의사결정자가 만족하는 첫 번째 대안을 선택히게 된다. 따라서 만족스러운 선택은 합리적 과정에 의해서 도출되는 최적의 선택(의사결정의 기준을 모두 충족한 것 중에서도 더 높은 수준으로 충족한 것)이 아닐 수도 있다.

*** 대안이 많다고 하더라도 열등한 대안이 많으면 고려 대상에서 금방 제외시킬 수 있어, 실제로 선택 갈등을 겪는 대안은 소수인 경우가 대부분이다.

난나면 어떻게 될까? 내부분 그 차이는 무시해도 될 징도이므로 그중 어느 것을 선택하더라도 그 결과는 괜찮을 것이다. 마지막으로, 많은 의사결정이 최적을 찾기보다는 단지 '만족스러운(만족스럽거나 충분한)' 대안을 찾는 것으로 해결된다는 유력한 근거가 있다. 우리는 평가 기준을 모두 만족시키는 첫 번째 해결 방안을 찾으면 그것을 선택한다.

이 장을 시작할 때 설명한 것처럼 숀 노리스가 대학을 고를 때 사용한 합리적 과정과는 대조적으로 우리들 대부분은 합리적 선택이 아닌 만족스러운 선택을 하고 있다. 다시 말해, 우리는 대학 선택이 중요하다고 생각하고 평가 기준을 정한 후, 선택 가능한 대안들의 짧은 목록을 만들고 적절하다고 생각하는 첫 번째 학교에 지원한다. 그렇게 하는 이유는 일상에서 마주치는 의사결정의 대부분이 최적을 추구한다고 해서 별반 나아질 것이 없기 때문이다. 대부분 만족할 만한 선택만으로도 충분하다.

그러나 불행하게도 '충분한' 것이 때로는 충분하지 않을 때가 있다. 희망했던 것과는 다른 결과를 가져왔던 결정들을 돌이켜 보면, 그것은 적절하지 못한 지름길을 통해 최적보다 못한 선택을 했기 때문인 경우가 대부분이다. 이 책은 여러분이 가지고 있는 의사결정상의 선호 및 편향성과 우리 모두가 공유하는 선호 및 편향성, 그리고 이를 극복하고 의사결정 '타율'을 향상시킬 수 있는 방법을 이해하는 데 도움을 줄 것이다.

의사결정 Tip

- 합리성을 저해하는 편향성과 오류는 상당 부분 감소시킬 수 있다.
- 최적의 선택이 아주 분명한 경우도 많다.
- 많은 경우 선택의 폭이 넓으면(대안들의 범위가 넓으면) 최적에 가까운 해결 방안이 나올 가능성이 높다.
- 만족스러운 해결 방안, 때로는 그것만으로도 충분하다.

PART

02

당신은 어떻게
결정하는가

DECIDE & CONQUER

의사결정자가 모험을 이해하는 것은 매우 중요하다.
이것이 대안에 대한 매력을 결정하는 데
도움을 주기 때문이다.

chapter 4

당신의 의사결정 스타일은?

아래 설문은 개인이 어떻게 중요한 의사결정을 내리는가에 관한 것이다. 각 문항에 대해 동의하는 정도를 표시하라.[1]

	거의 동의 하지 않음	동의하지 않음	그저 그렇다	동의함	매우 동의함
1. 나는 의사결정을 할 때 직관에 의존한다.					
2. 나는 의사결정을 하기 전에 사실 확인을 위한 정보 출처를 반드시 확인한다.					
3. 나는 의사결정을 할 때 나의 내부 감정과 반응을 신뢰한다.					

	거의 동의 하지 않음	동의하지 않음	그저 그렇다	동의함	매우 동의함
4. 나는 논리적이고 체계적인 방 법으로 결정한다.					
5. 나는 일반적으로 옳다고 여겨 지는 결정을 한다.					
6. 나는 심사숙고해서 결정한다.					
7. 나는 의사결정을 할 때, 합리 적인 이유보다 내가 그 결정이 옳다고 느끼는 것이 더 중요하 다고 생각한다.					
8. 나는 의사결정을 할 때 특정한 목표를 달성하기 위해 다양한 대안을 고려한다.					

점수 계산 방법

홀수 번호의 질문(1, 3, 5, 7)은 거의 동의하지 않음에 1점, 동의하지 않음에 2점, 그저 그렇다에 3점, 동의함에 4점, 매우 동의함에 5점의 점수를 부여해서 이를 합산한다. 그리고 같은 방법으로 짝수 번호의 점수를 합산한다.

홀수 번호의 질문에 대한 합산 점수는 당신의 직관성 점수고, 짝수 번호의 질문에 대한 합산 점수는 당신의 합리성 점수다.

점수의 의미

두 가지 스타일에 대한 당신의 점수는 4점에서 20점 사이일 것이다.

더 높은 점수를 가진 스타일이 당신이 선호하는 스타일이다. 그리고 두 점수 간의 차이가 클수록 선호하는 스타일(큰 점수를 가진 스타일)이 의사결정 방법을 강하게 지배한다는 것을 나타낸다. 만약 두 점수 차이가 크지 않거나 점수들이 중간(10~14점)에 위치해 있다면, 당신은 의사결정 방식 선정에 유연한 것이며, 상황의 차이에 따라 다른 의사결정 스타일을 선택해 사용한다는 것을 나타낸다.

의사결정 스타일의 이해

의사결정 스타일은 결정해야 할 상황이 닥쳤을 때 의지하게 되는 습관적인 패턴과 관련이 있다. 의사결정 스타일을 분류하는 수많은 방법이 있지만 거의 모두 신중하고 논리적인 접근[2](우리는 이를 합리적이라고 부른다. 그러나 일종의 사고 스타일로도 볼 수 있다)과 직감 혹은 즉흥적 감정에 의존하는 직관적 접근(때로는 감정 스타일이라고 한다)을 포함[3]하고 있다.[*]

의사결정 스타일은 정보를 수집하는 방법을 통해 알 수 있다. 합리적 타입은 사실과 세부 정보, 합리적인 원인−효과(인과) 논리를 중요시한다. 합리적 타입의 사람들은 객관적이고 감정에 영향을 받지 않으

----

[*] 사고 스타일thinking style에 관한 연구에서는 사람들이 얼마나 사고를 잘 하는지의 문제가 아니라 어떻게 사고하기를 좋아하는지 유형별로 분류한다. 예를 들어, 사람들이 문제를 총체적으로 또는 세부적으로 생각하기를 좋아하는지, 창의적 또는 기존의 관례대로 생각하기를 좋아하는지 등이 사고 스타일의 예다. 사고 스타일에 관심 있는 독자는 로버트 스턴버그Robert J. Sternberg의 『Thinking Styles』(1997)이라는 책을 참고하기 바란다.

며 증거에 가중치를 부여힌다. 우리기 잘 알고 있는 합리주의자들은 알베르트 아인슈타인, 아인 랜드, 빌 게이츠와 같은 인물이다. 직관적 타입은 가능성과 아이디어들 간의 관계에 초점을 둔다. 그들은 합리적 논리보다는 개인적 가치에 가중치를 부여한다. 알베르트 슈바이처, 미하일 고르바초프, 엘리노어 루스벨트 등이 직관적 타입이다.

chapter 5

당신은 모험을 무릅쓰는 사람인가

아래의 각 상황들은 성공 확률이 작은 가운데 하나의 대안을 선택해야 하는 상황이다. 각 상황에서 당신이 당사자라고 생각하고 응답해 보자.[1]

1. 마흔다섯에 회계사인 벤은 최근 의사로부터 심각한 심장병에 걸렸다는 이야기를 들었다. 이 병으로 인해 벤은 인생의 많은 습관들을 바꿔야만 한다. 업무량을 줄이고 식습관을 대폭 바꿔야 하며, 가장 좋아하는 레저 활동을 포기해야만 한다. 의사는 까다로운 수술을 해야 할지도 모른다고 했다. 만약 수술이 성공한다면 심장 상태는 완전히 회복될 수 있다. 그러나 성공은 확신할 수 없으며 사실상 수술이 잘못된다면 매우 치명적일 수도 있다.

당신이 벤에게 충고를 하는 상황이고 생각해 보자. 아래에 수술이 성공할 몇 가지 확률을 적어 두었다. 수술의 성공 확률이 최소한 어느 정도 이상이면 당신은 벤에게 수술을 권하겠는가? 다음 여섯 가지 중 하나에 체크해 보라.

☐ 수술 성공 확률이 아무리 높아도 수술을 권하지 않음.
☐ 수술 성공 확률이 10번 중에 9번 이상이면 수술을 권함.
☐ 수술 성공 확률이 10번 중에 7번 이상이면 수술을 권함.
☐ 수술 성공 확률이 10번 중에 5번 이상이면 수술을 권함.
☐ 수술 성공 확률이 10번 중에 3번 이상이면 수술을 권함.
☐ 수술 성공 확률이 10번 중에 1번 이상이면 수술을 권함.

2. 돈은 알파 대학 미식축구 팀의 주장이다. 알파 대학은 전통적인 라이벌인 베타 대학과 시즌 마지막 게임을 하고 있다. 경기 종료 직전, 돈의 팀인 알파 대학이 지고 있다. 알파 대학은 한 번의 플레이만을 할 시간이 남아 있다. 돈은 주장으로서 성공할 가능성이 거의 확실한 동점을 만들기 위한 플레이를 할 것인가, 아니면 성공한다면 게임을 이길 수 있고 만약 실패한다면 게임에서 지게 되는 보다 복잡하고 모험적인 플레이를 시도할 것인가를 선택해야 한다.

당신이 돈에게 충고하는 상황이라고 생각해 보자. 다음에 작전이 성공할 몇 가지 확률을 적어 두었다. 모험적인 작전의 성공 확률이 최소한 어느 정도 이상이면 당신은 돈에게 그 작전을 권하겠는가? 다음 여섯 가지 중 하나에 체크해 보라.

- ☐ 모험적인 작전 성공 확률이 아무리 높아도 그 작전을 권하지 않음.
- ☐ 모험적인 작전 성공 확률이 10번 중에 9번 이상이면 그 작전을 권함.
- ☐ 모험적인 작전 성공 확률이 10번 중에 7번 이상이면 그 작전을 권함.
- ☐ 모험적인 작전 성공 확률이 10번 중에 5번 이상이면 그 작전을 권함.
- ☐ 모험적인 작전 성공 확률이 10번 중에 3번 이상이면 그 작전을 권함.
- ☐ 모험적인 작전 성공 확률이 10번 중에 1번 이상이면 그 작전을 권함.

3. 킴은 성공적인 여성 사업가이며 지역사회에서 비중 있는 여러 사회활동을 하고 있다. 킴은 지역에서 차기 총선에 출마할 정당의 지도자가 되었다. 킴이 속해 있는 정당은 이 지역에서 소수당이지만 과거 선거에서 여러 번 이긴 적이 있다. 킴은 출마하고 싶지만 소속 정당이 충분한 선거자금을 확보하고 있지 못하기 때문에 출마하고자 한다면 상당한 재정적 희생을 감수해야 한다. 그녀는 또한 뜨거운 선거전 도중 상대 정당 후보의 공격을 감당해야 한다.

   당신이 킴에게 충고를 하는 상황이라고 생각해 보자. 다음에 킴이 지역 선거에서 승리할 몇 가지 확률을 적어 두었다. 킴이 선거에서 승리할 확률이 최소한 어느 정도 이상이면 당신은 김에게 출마를 권하겠는가? 다음 여섯 가지 중 하나에 체크해 보라.

□ 선거에서 승리할 확률이 아무리 높아도 출마하지 말아야 함.

□ 선거에서 승리할 확률이 10번 중에 9번 이상이면 출마 권고.

□ 선거에서 승리할 확률이 10번 중에 7번 이상이면 출마 권고.

□ 선거에서 승리할 확률이 10번 중에 5번 이상이면 출마 권고.

□ 선거에서 승리할 확률이 10번 중에 3번 이상이면 출마 권고.

□ 선거에서 승리할 확률이 10번 중에 1번 이상이면 출마 권고.

4. 로라는 서른 살의 연구물리학자이며 유수한 대학 연구소의 5년 임기 연구원 직책에 임명되었다. 그녀는 향후 5년을 어떻게 보낼지 고민하고 있다. 만약 해결 방안이 발견된다면 그녀는 물리학 분야의 기초과학 현안을 해결하는 동시에 높은 과학적 명성을 얻을 수 있는 고난도의 장기 연구 과제를 택할 수도 있다. 하지만 해결 방안을 찾을 수 없다면 5년간의 연구소 활동 업적으로 내세울 수 있는 것이 거의 없게 되고, 그렇게 되면 장차 다른 좋은 직장을 얻기 어려워질지도 모르게 된다. 다른 한편으로, 그녀는 대부분의 다른 동료들처럼 해결 방안을 찾기 수월한, 하지만 과학적 중요성이 낮은 일련의 단기 연구 과제들을 선택할 수도 있다.

당신이 로라에게 충고를 하는 상황이라고 생각해 보자. 다음에 로라가 염두에 두고 있는 고난도의 장기 과제에서 해결 방안을 찾을 몇 가지 확률을 적어 두었다. 로라기 고난도의 장기 과제를 성공적으로 완수할 확률이 최소한 어느 정도 이상이면 당신은 로라에게 장기 과제를 선택하라고 권하겠는가? 다음 여섯 가지 중 하나에 체크해 보라.

- ☐ 장기 과제의 해결 확률이 10번 중에 1번 이상이면 장기 과제 권함.
- ☐ 장기 과제의 해결 확률이 10번 중에 3번 이상이면 장기 과제 권함.
- ☐ 장기 과제의 해결 확률이 10번 중에 5번 이상이면 장기 과제 권함.
- ☐ 장기 과제의 해결 확률이 10번 중에 7번 이상이면 장기 과제 권함.
- ☐ 장기 과제의 해결 확률이 10번 중에 9번 이상이면 장기 과제 권함.
- ☐ 장기 과제의 해결 확률이 아무리 높아도 그 과제를 권하지 않음.

점수 계산 방법

위의 상황들은 긴 질문(시나리오)에 기반을 두고 있다. 그 결과는 정확한 진단과 같은 행동보다는 모험에 대한 일반적 성향을 나타낸다. 모험 감수risk-taking 지수를 구하기 위해 당신이 감수하려고 했던 확률*을 모두 더해서 4로 나눈다(확률에 관계없이 전혀 모험을 받아들일 수 없다고 생각하는 상황은 10점을 부여한다).

점수의 의미

점수가 낮을수록 모험을 더 많이 감수하는 것이다. 비교 목적에서, 모험 감수를 나타내는 점수가 4.0 이하이면 상대적으로 높은 모험을 감

---

*   여기서 확률이란, 0.0에서 1.0까지를 의미하는 것이 아니라 10번 중에 몇 번 성공한 경우를 권했느냐를 의미한다. 4개 문항 각각의 점수 범위는 1점에서 10점 사이이며 점수가 낮을수록 더 모험을 감수한다는 것을 의미한다.

수하는 태도를 나타낸다. 7.0보다 높으면 모험을 싫어한다는 깃을 나타낸다.

모험 감수 지수의 이해

사람마다 모험을 감수하는 성향이 다르다. 예를 들면, 높은 모험을 받아들이는 사람들은 모험 감수 지수가 낮은 사람들보다 사업 기회를 추구하는 경우가 많으며, 암벽 타기나 행글라이딩과 같은 스포츠를 즐기게 될 가능성이 높다.

의사결정자가 모험을 이해하는 것은 매우 중요하다. 이것이 대안에 대한 매력을 결정하는 데 도움을 주기 때문이다. 대안들을 평가할 때 각각의 대안이 가진 모험의 정도는 서로 다르다. 낮은 모험을 지향하는 사람들은 실패 확률이 낮은 대안을 찾고, 거기에 가치를 두며 그것을 선택할 가능성이 높다. 맞건 틀리건, 그것은 종종 현 상태에서 최소한의 변화 가능성이 있는 대안을 의미한다. 높은 모험을 감수하려는 사람들은 독특하고 실패 확률이 높은 대안을 찾고, 거기에 가치를 두며 그것을 선택할 가능성이 높다.

chapter 6

당신은 최대 만족 추구형인가,
아니면 적당 만족형인가

다음에 있는 8개의 질문에 대해 5점 척도를 사용하여 동의하는 정도를 표시해
보자.[1]

	거의 동의 하지 않음	동의하지 않음	그저 그렇다	동의함	매우 동의함
1. 나는 모든 일에 최선을 다한다.					
2. 나는 친한 친구의 결혼식에 입 고 갈 옷을 고르는 일이 힘들다.					
3. 나는 식료품을 5천 원 정도 더 싸게 사기 위해 일주일에 한 번 2km 더 먼 곳까지 운전해 서 간다.					

	거의 동의 하지 않음	동의하지 않음	그저 그렇다	동의함	매우 동의함
4. 나는 마음에 쏙 드는 신발 한 켤레를 고르기 위해 5시간을 소비할 수도 있다고 생각한다.					
5. 친구들은 나를 결코 만족하지 못하는 사람이라고 표현한다.					
6. 나는 완벽한 식사를 해 본 적이 없다고 생각한다.					
7. 나는 아무것도 없는 새 집에 일주일 이내에 마음에 드는 가구를 들여 놓을 수 없을 것이다.					

점수 계산 방법

8개 문항의 점수를 합산하라. 당신의 점수는 8점에서 40점 사이일 것이다.

점수의 의미

합산 점수가 28점 이상이면 최대 만족 추구형Maximizer인 편이고, 18점이하이면 적당 만족형Satisficer인 편이다.

최대 만족 추구형과 적당 만족형의 이해*

최대 만족 추구형에게는 모든 결정이 최선의 결정임이 보장되어야 할 필요가 있다. 이에 비해 적당 만족형은 그저 충분한 정도의 해법을 찾는다.

이렇게 서로 다른 두 가지 의사결정 방법에 대해 가장 중요한 예측을 하자면, 최대 만족 추구형일수록 후회하게 될 가능성이 높다는 점이다.[2] 다시 말해, 최대 만족 추구형들은 이전의 결정에 대해 슬픔과 회한을 느끼게 될 가능성이 더 높다. 그 이유는 무엇일까? 그들은 어떤 결정을 내렸는지에 상관없이 다른 결정이 더 나은 결정이 아니었을까를 걱정하기 때문이다. 그들은 '할 수 있었던 일'에 대해 생각하고 고민한다.

---

*　Maximizer와 Satisficer에 대한 통일된 번역어는 없다. Maximizer는 각 선택 대안들을 가능한 모든 평가 기준(속성)을 적용하여 평가하고, 가중치를 적용해 종합적으로 평가한 후 종합적 평가가 가장 높은 대안을 선택하는 사람이다. 원래 Maximize는 기대효용을 최대화한다는 의미이고, Maximizer는 기대효용이 최대인 대안을 선택한다는 의미다. 이런 의미에서 이 책에서는 '최대 만족 추구형'이라고 번역하였다. Satisficer는 최대 만족을 얻어내기보다는 주어진 조건하에서 받아들이기에 충분한, 최상은 아니지만 나름대로 최선의 또는 만족스러운 대안을 추구한다는 점에서 '적당 만족형'이라고 번역하였다.

chapter 7

누가 당신의 운명을 좌우하는가

아래의 10개 질문 각각에 대해 동의하는 정도를 체크해 보자.[1]

	거의 동의 하지 않음	동의하지 않음	그저 그렇다	동의함	매우 동의함
1. 대부분의 사람들은 마땅히 받 아야 할 만큼의 성공을 한다.					
2. 나는 내 견해를 다른 사람들에 게 납득시킬 수 있다.					
3. 성공이란 대부분 열심히 일했 기 때문에 오는 것이다.					
4. 행복한 결혼 생활은 대개 운에 좌우된다.					
5. 재능은 언제나 운을 이겨낸다.					

	거의 동의 하지 않음	동의하지 않음	그저 그렇다	동의함	매우 동의함
6. 나는 내 운명의 주인이다.					
7. 내게 일어나는 일의 상당 부분은 우연에 의한 것이다.					
8. 나는 내게 일어나는 일에 거의 영향을 주지 못한다.					
9. 나는 결정을 내릴 때 유혹을 이겨낼 수 있다.					
10. 내가 잘 세운 계획들은 때로 내가 통제할 수 없는 외부적 힘에 의해 흐트러지곤 한다.					

점수 계산 방법

1, 2, 3, 5, 6, 9번 문항은 매우 동의함에 5점, 동의함에 4점, 그저 그렇다에 3점 순으로 점수를 매긴다. 4, 7, 8, 10번 문항은 이와 반대로 매우 동의함에 1점, 동의함에 2점 등으로 점수를 매긴다.

당신의 점수는 10점에서 50점 사이일 것이다. 얻은 점수는 다음과 같이 해석될 수 있다.

42~50 = 높은 내부 통제 소재

34~41 = 보통의 내부 통제 소재

26~33 = 반반

18~25 = 보통의 외부 통제 소재

10~17 = 높은 외부 통제 소재

점수의 의미

어떤 사람들은 바로 자기 자신이 운명의 주인이라고 믿는다. 또 다른 사람들은 스스로를 운명의 인질이라고 여기며, 인생에서 일어나는 일들은 행운이나 우연에서 기인한다고 믿는다. 첫 번째 타입은 통제의 소재(또는 위치)가 내부에 있는, 즉 스스로 운명을 통제할 수 있다고 믿는 사람들이다. 두 번째 타입은 통제의 소재가 외부에 있는, 즉 외부의 힘에 의해 인생이 좌우된다고 여기는 사람들이다.[2]

여러분의 통제 소재 점수는 여러분이 자신의 행동에 대한 비난을 얼마나 잘 수용할 수 있는가에 대한 통찰을 제공해 준다. 또한 이 점수는 여러분이 의사결정 기술을 개선하고자 하는 데 얼마 만큼의 비중을 두는지를 나타낸다. 예를 들면, 통제 소재가 외적으로 높은 사람들은 스스로가 자신의 인생에 영향을 미칠 힘이 상대적으로 미약하다고 여기는 경향이 있다. 이에 따라, 그들은 자신의 선택이 인생의 결과에 많은 영향을 미친다고 믿지 않기 때문에 강력한 의사결정 기술을 개발하는 일에 관심이 적다. 반대로, 통제 소재가 내적으로 높은 사람들은 적극적으로 행동하는 경향이 있다. 그들은 스스로 자신의 운명을 통제할 수 있다고 믿는다. 자신의 선택이 중요하다고 믿기 때문에 이들은 의사결정 기술을 향상시키는 일에 보다 적극적인 경향이 있다.

통제 소재의 이해

내부 통제 점수가 매우 높은 사람들은 이 세상이 현실에서보다 더욱 통제가 가능한 것이라고 믿는 잘못을 저지르고 있다. 외부 통제 점수가 매우 높은 사람들은 자신이 단지 인생이라는 게임의 인질이라고 너무 빨리 단정해 버리는 경향이 있다. 양극단의 입장 모두 건강하지 않다. 우리는 우리 인생의 상당 부분을 통제할 수 있다. 그러나 아무리 계획을 세우고 훌륭한 판단을 하더라도 예측할 수 없는 의외의 상황이 있을 수 있다. 나는 외부 통제 점수가 높은 사람들에게 '바로 당신이 무엇이든 선택할 수 있으며, 당신의 결정들이 차이(변화)를 가져온다는 것을 인식하고 훌륭한 의사결정 기술을 익히면 인생을 보다 더 통제할 수 있다'는 메시지를 전하고 싶다.

chapter 8

당신은 늑장 부리는 사람인가

아래 8개의 행동 목록은 당신을 설명한 것일 수도 있고 아닐 수도 있다. 각 문항을 읽고 다음의 5점 척도를 이용해서 응답해 보자.[1]

0 = 전혀 없다, 1 = 가끔, 2 = 보통, 3 = 자주, 4 = 언제나

	0	1	2	3	4
1. 나는 하기 싫은 일을 뒤로 미루는 경향이 있다.					
2. 나는 일반적으로 프로젝트를 제 시간에 마치는 것이 힘들다.					

	0	1	2	3	4
3. 나는 흥미가 없는 일을 뒤로 미루는 경향이 있다.					
4. 나는 결정을 내리지 못해 기회를 놓친 적이 있다.					
5. 나는 일을 제시간에 마치기 위해서는 마감 시한이 있어야 한다.					
6. 나는 불쾌한 일을 마지막 순간까지 미루는 경향이 있다.					
7. 나는 시작한 일을 마무리하지 못할 때가 종종 있다.					
8. 나는 내가 잘하지 못하는 일을 뒤로 미루는 경향이 있다.					

점수 계산 방법

8개 문항의 점수를 합산한다. 당신의 점수는 0점에서 32점 사이에 있을 것이다. 점수가 높을수록 늑장을 부리는 경향이 높은 것이다.

점수의 의미

8점 이하라면 결정이나 행동을 미루는 편이 아니다. 그러나 22점 이상이면 당신은 일을 미루는 경향이 있으며, 행동이 적시에 취해지지 않은 것에 대해 좌절감을 느꼈을 것이다.

늑장 부리기의 이해

늑장 부리기는 일을 연기하고, 지연시키고 업무의 완수나 의사결정을 피하는 경향성이다.[2] 어떤 경우에는 늑장 부리기가 긍정적일 수도 있다.[3] 예를 들면, 의사결정을 위해 정보가 필요한데 정보가 부족한 경우, 우선순위가 높은 다른 일에 주의를 기울여야 하는 경우, 매우 중요한 결정이라서 더욱 신중을 기해야 하는 경우 늑장 부리기는 나쁜 결정을 내릴 확률을 감소시킨다. 하지만 습관적인 늑장 부리기는 기회를 잃게 만들고 뼈아픈 후회와 다른 부정적인 결과를 가져다준다.

제14장 '내일 할 수 있는 일은 절대로 오늘 하지 마라'에서 자세히 설명하겠지만, 높은 점수를 받은 사람들은 작은 결정이나(옷장을 정리해야 했는데 그만…) 큰 결정에서(난 결혼하고 싶다. 하지만 지금이 결혼해야 할 때인지 잘 모르겠다.) 문제를 일으킬 가능성이 높다. 늑장 부리기는 행동을 취하거나 인생을 바꾸는 일을 끊임없이 저지한다. 하지만 낮은 점수를 받은 사람들도 문제를 가지고 있다. 이 테스트에서 낮은 점수를 받은 사람들은 종종 조급하게 행동해 나중에 그들 자신의 행동을 후회하곤 한다. 때때로 약간의 늑장은, 특히 중요한 결정의 경우 많은 비용을 절약하고 상황이 악화되는 것을 막아 준다.

chapter 9

당신은 충동적인가

아래에 30문항이 있다. 자신에게 해당된다고 생각하는 번호에 체크해 보자.[1]

	전혀/ 거의 없음	가끔	자주	대부분/ 언제나
1. 나는 조심스럽게 계획을 세운다.	4	3	2	1
2. 나는 아무 생각 없이 일한다.	1	2	3	4
3. 나는 마음을 빨리 정한다.	1	2	3	4
4. 나는 태평한 사람이다.	1	2	3	4
5. 나는 주의를 잘 기울이지 않는다.	1	2	3	4
6. 나는 급히 생각한다.	1	2	3	4
7. 나는 여행 계획을 미리 잘 세운다.	4	3	2	1
8. 나는 자기 통제를 잘한다.	4	3	2	1
9. 나는 쉽게 집중한다.	4	3	2	1

	전혀/ 거의 없음	가끔	자주	대부분/ 언제나
10. 나는 정기적으로 저축을 한다.	4	3	2	1
11. 나는 놀이할 때나 강의를 들을 때 우물쭈 물한다.	1	2	3	4
12. 나는 주의 깊게 생각한다.	4	3	2	1
13. 나는 직업의 안정성을 위해 계획을 수립한다.	4	3	2	1
14. 나는 생각 없이 말한다.	1	2	3	4
15. 나는 복잡한 문제에 대해 생각하기를 좋아 한다.	4	3	2	1
16. 나는 직업을 바꾼 적이 있다.	1	2	3	4
17. 나는 충동적으로 행동한다.	1	2	3	4
18. 나는 문제 해결을 위해 깊이 생각하다 보 면 쉽게 지친다.	1	2	3	4
19. 나는 성급하게 행동한다.	1	2	3	4
20. 나는 오래 생각한다.	4	3	2	1
21. 나는 이사를 여러 번 했다.	1	2	3	4
22. 나는 충동구매를 한 적이 있다.	1	2	3	4
23. 나는 한 번에 한 가지 문제 밖에는 생각하 지 못한다.	1	2	3	4
24. 나는 취미를 바꾼 적이 있다.	1	2	3	4
25. 나는 버는 것보다 더 많은 돈을 쓰거나 빌 린다.	1	2	3	4
26. 나는 무언가 신중히 생각하려고 하면 종종 잡생각이 많이 떠오른다.	1	2	3	4
27. 나는 미래보다는 현재에 관심이 많다.	1	2	3	4
28. 나는 연극이나 강의를 들을 때 차분히 있 지 못한다.	1	2	3	4
29. 나는 퍼즐을 좋아한다.	4	3	2	1
30. 나는 미래지향적이다.	4	3	2	1

점수 계산 방법

30개의 문항에 표시한 점수를 합산한다. 당신의 점수는 30점에서 120점 사이에 있을 것이다. 점수가 높으면 높을수록 당신의 충동성 수준도 높은 것이다.

점수의 의미

앞서 말했듯이, 점수가 높을수록 충동성이 높다는 것을 의미한다. 그렇다면 높은 점수란 몇 점을 의미하는가? 대학생과 약물 남용 문제를 안고 있는 정신과 환자, 교도소 수감자들을 대상으로 한 비교 연구에서 그 해답을 찾을 수 있다.[2] 약물 남용 환자와 죄수들이 일반 대학생보다 높은 점수를 받았을 것이라고 예측하는 것이 합리적이다. 그들은 충동성 통제와 관련된 문제들을 보다 많이 가진 사람들일 것이기 때문이다. 그리고 연구 결과도 그와 같다. 대학생들의 평균 점수는 64점이었다. 약물 남용 환자들의 평균은 69점, 죄수들의 평균 점수는 76점을 넘어섰다. 이러한 결과에 기초해, 60점 이하이면 충동에 대한 통제력이 있음을, 70점 이상이면 상대적으로 충동적 행동을 하는 경향이 있음을 나타낸다고 할 수 있다.

당신이 얻은 점수로 당신이 얼마나 의사결정을 빨리 하는 경향이 있는지, 순간적인 만족에 대한 욕망을 지연시키는 데 얼마나 어려움을 갖고 있는지를 측정할 수 있다. 충동성이 높은 사람들은 목표를 세우는 일과 목표에 치중하는 일에 많은 어려움을 겪는다.

충동성의 이해

충동적 성격은 다음의 세 가지 세부 특성으로 이루어져 있다.[3] 첫 번째는 하나의 과제에 빨리 집중할 수 있는 능력과 경쟁적인 생각들을 제어하는 능력으로 측정된다. 두 번째는 순간적으로 행동하는 경향성에 의해 평가된다. 그리고 세 번째는 한발 앞서 미래를 생각하는 능력과 도전적인 정신적 과제를 즐기는 능력으로 측정된다. 이들 세 가지 특성을 종합하면 충동성에 대한 훌륭한 측정 도구가 된다.

늑장 부리기와 마찬가지로, 충동성도 어떤 상황에서는 긍정적이 될 수 있다. 결과가 금방 나타나는 사소한 결정을 빨리 할 수 있다는 것은 스트레스를 줄여주고 보다 쉽게 살아가도록 해 준다. 그러나 인생 행로를 넘나드는 큰 결정에 있어서는 충동성이 모순되고 형편없는 결정을 하게 할 수도 있다.

chapter 10

당신의 감정을 스스로 조절할 수 있는가

다음의 항목들은 어떤 느낌이나 감정*에 대한 사람들의 반응을 기록한 것이다. 각 항목을 읽고 당신의 일반적인 반응을 표시해 보자. 해당되는 항목의 번호에 체크해 보자.[1]

---

* 어떤 이들은 feeling과 emotion을 구분하기 위해서 feeling은 '감정' 혹은 '느낌' 으로 번역하고 emotion은 '정서'로 번역한다. 이 책에서는 이런 구체적인 구분 이 필요하지 않으므로 emotion을 일반적으로 통용되는 용어인 '감정'으로 번 역하였다.

	거의 언제나	자주	때로	거의 아니다
▶ 화가 났을 때				
1. 나는 침묵을 지킨다.	4	3	2	1
2. 나는 논쟁이나 말하는 것을 거부한다.	4	3	2	1
3. 나는 화가 났음을 표내지 않는다.	4	3	2	1
4. 나는 내가 느끼는 것을 말한다.	1	2	3	4
5. 나는 소란 피우는 것을 피한다.	4	3	2	1
6. 나는 나의 감정을 억누른다.	4	3	2	1
7. 나는 분노를 숨긴다.	4	3	2	1
▶ 우울할 때				
8. 나는 아무 말도 하지 않는다.	4	3	2	1
9. 나는 불행하다는 것을 숨긴다.	4	3	2	1
10. 나는 아무렇지도 않은 표정을 짓는다.	4	3	2	1
11. 나는 침묵을 지킨다.	4	3	2	1
12. 나는 다른 사람들이 내 감정을 알도록 한다.	1	2	3	4
13. 나는 나의 감정을 억누른다.	4	3	2	1
14. 나는 우울함을 표내지 않는다.	4	3	2	1
▶ 불안할 때				
15. 나는 다른 사람들이 내 감정을 알도록 한다.	1	2	3	4
16. 나는 침묵을 지킨다.	4	3	2	1
17. 나는 아무 말도 하지 않는다.	4	3	2	1
18. 나는 다른 사람들에게 모두 털어놓는다.	1	2	3	4
19. 나는 나의 느낌을 말한다.	1	2	3	4
20. 나는 불안함을 표내지 않는다.	4	3	2	1
21. 나는 내 감정을 억누른다.	4	3	2	1

점수 계산 방법

체크된 대답을 합산한다. 당신의 점수는 21점에서 84점 사이에 있을 것이다. 점수가 높을수록 당신은 감정 노출을 잘 통제하는 편이다.

점수의 의미[*]

당신이 얻은 점수는 세 가지 감정(분노, 우울, 불안)에 대한 반응을 반영한 것이다. 이 테스트가 당신이 경험한 모든 감정을 다룬 것은 아니지만 당신이 얻은 점수는 당신의 감정이 의사결정 방법에 어떤 영향을 미쳤는지를 나타내는 중요한 지표가 될 수 있다.

높은 점수(약 50점 이상)는 상대적으로 감정에 대한 통제력이 강함을 나타낸다. 낮은 점수(약 40점 이하)는 때로 당신의 감정이 당신을 이긴다는 것(감정에 대한 통제력이 약함)을 의미한다. 예를 들면, 위기나 스트레스가 닥쳤을 때 때로 냉정함을 잃고 폭발할 수 있다는 것이다. 당신이 차분할수록, 명확하고 합리적인 사고를 하기가 쉬우며 더 나은 선택을 하게 될 가능성이 높다. 그러나 결정이 내려진 후에는, 강한 감정적 개입이 도움이 된다. 결정에 대한 감정적 개입은 내려진 결정의 수행 가능성을 높여주기 때문이다. 감정은 종종 선택된 결정을 행동으

---

* 추측컨대 저자는 분노, 우울, 불안 세 가지를 측정하는 데 우선순위를 둔 것으로 보인다. 왜냐하면 각 하위 척도(분노, 우울, 불안)당 7문항을 사용하였고 7문항 속에는 다른 하위 척도에서 사용된 문항들이 더러 포함되어 있다. 그런데 점수 해석에서는 하위 척도별 설명은 제시되어 있지 않고, 부정적 정서를 종합적으로 판단할 수 있는 점수 기준만이 제시되어 있다. 중복 사용된 몇몇 문항은 중복 횟수만큼 총점 계산에 반영되게 되어 있다.

로 옮기도록 동기를 부여한다. 그러나 대부분의 경우, 침착하고 감정을 통제할 수 있을 때 더 나은 결정을 할 수 있을 것이다.

감정의 이해

감정이란 어떤 사람이나 사물에 대한 직접적이고도 강렬한 느낌이다. 나는 상사에게 화가 났을 때 직장을 잃게 될까 걱정을 하면서도 화를 표시한다. 또는 내 딸이 학교에서 좋은 성적을 받아왔을 때 기쁨을 표시한다.

합리적 의사결정 모델에서는 불안, 공포, 좌절, 행복, 부러움 등의 감정을 경시한다. 그러나 의사결정이 어느 특정한 순간 우리 감정의 영향을 받지 않는다고 여기는 것은 너무 순진한 생각이다. 같은 객관적인 자료를 가지고도, 화가 나고 스트레스를 받는 사람들과 차분하고 침착한 사람들이 서로 다르게 해석해서 다른 선택을 할 것이라는 것을 쉽게 예측할 수 있다. 그리고 일부 사람들은 다른 사람들보다 순간적인 감정에 따라 의사결정이 좌우될 가능성이 매우 높다. 예를 들면, 분노 또는 슬픔과 같은 부정적 감정 상태에서는 새로운 대안을 찾는 것이 귀찮아지고 정보를 영민하게 이용하지 못하며, 어떠한 결정이든 이를 빨리 해치워버리고 싶을 것이다.

chapter 11

당신은 과도한 확신을 가지고 있는가

아래에 10가지 질문이 있다. 이 질문들은 당신이 90% 확신한다고 생각하는 범위에서 낮은 숫자(하한)와 높은 숫자(상한)를 추측하여 적을 수 있도록 되어 있다. 너무 좁거나 너무 넓은 범위를 적지 않도록 하라.[1]

	90% 확신한다고 생각하는 범위	
	낮은 숫자	높은 숫자
1. 마틴 루터 킹 주니어 목사가 죽은 나이는?	_____	_____
2. 나일 강의 길이는?	_____	_____
3. OPEC에 가입된 전체 회원국의 수는?	_____	_____
4. 구약성경은 모두 몇 권인가?	_____	_____

	90% 확신한다고 생각하는 범위	
	낮은 숫자	높은 숫자
5. 달의 직경은?	————	————
6. 아무것도 싣지 않은 보잉 747의 무게는?	————	————
7. 작곡가 모차르트가 태어난 해는?	————	————
8. 아시아 코끼리의 임신 기간은?	————	————
9. 런던과 도쿄 간의 비행 거리는?	————	————
10. 가장 깊은 바다의 깊이는?	————	————

점수 계산 방법

위의 질문에 대한 정답은 다음과 같다.

1. 39세, 2. 6,741km, 3. 34개국, 4. 39권, 5. 3,476km, 6. 176,670kg, 7. 1756년, 8. 645일, 9. 9,594km, 10. 11,034m

당신이 이 도전 과제에 성공했다면, 미리 90%의 확신이라고 했으므로 10%만 실패했을 것이다. 바꿔 말하면 9개 문항의 추정은 옳았을 것이다.

한 문제 이상 틀렸는가? 그렇다 하더라도, 당신 혼자 많이 틀린 것은 아니다. 이 테스트는 1천 명 이상에게 행해졌고, 그중 1% 미만의 응답자들만이 9문제 이상을 맞혔다. 대부분의 사람들은 4문제에서 7문제 가량을 틀렸다. 비슷한 테스트를 미국인, 아시아인, 유럽인들을 대상으로도 실시했으며 대부분의 사람들이 자신감에 넘쳐 10문제 중

4~7문제를 놓쳤다.[2]

점수의 의미

10개의 문항들은 당신이 애매모호한 사실에 대해 얼마만큼 알고 있는가를 테스트하기 위한 것이 아니다. 그것보다는 우리들 대부분이 모르고 있는 것을 안다고 말하는 자만심에 차 있다는 것을 보여 주기 위해 만들어진 것이다.

과도한 확신 또는 과신의 정도에 따라 의사결정 과정의 질도 달라질 수 있다. 맞힌 문항 수가 적을수록 과신의 경향이 강하다. 그리고 과도한 확신은 의사결정을 내릴 때에도 여러 가지 방식으로 나타난다. 과도한 확신은 어떤 문제 상황에서 초기에 세운 가설을 지지하는 증거만을 계속 찾게 하고 지지하지 않는 증거는 무시하게 한다. 그리고 더 많은 대안들을 찾지 못하게 하며, 마음을 닫아 대안들을 철저히 분석하는 일을 막는다.

과도한 확신의 이해

제13장 '당신은 어떻게 그렇다고 확신할 수 있는가'에서 상세히 설명하겠지만, 우리들 대부분은 사실을 추정함에 있어 과도한 확신의 피해를 받고 있다. 우리는 우리가 알고 있는 정도보다 더 확신을 보이는 경향이 있다. '좋은 의사결정을 위해서는 사실을 아는 깃뿐만 아니라 우리의 지식이 부족하다는 것을 이해하는 것도 필요하다.'[3]

chapter 12

당신의 성격 이해

충분하지는 않지만, 나는 내가 가진 모든 것이다.
─ J. 레어J. Lair

홀리와 크리스는 결혼한 지 5년이 되었다. 그들은 거의 모든 것에 대해 자주 의견 충돌을 보인다. 충돌의 주된 사유는 상대방의 의사결정 방식이다. 홀리는 느리고 신중하다. 그녀는 여러 가지 대안을 고려하지 않고 아무렇게나 후다닥 결정하는 것을 좋아하지 않는다. 식당에서 음식을 주문하는 작은 결정이라 하더라도 시간을 들여 주의 깊게 전체 메뉴판을 살펴본다. 이와는 반대로, 크리스는 목이 꺾일 정도로 빠르게 정보를 처리한다. 그는 많은 시간을 들여 결정하는 경우가 거의 없다. 그는 신속히 상황을 파악하고 재빨리 대안들을 검토한 후 선택한다. 그는 결정한 것이 잘못되더라도 거의 불만이 없다. 그는 자신이 한 선택이나 과거의 실수에 얽매이지 않기 때문이다.

홀리와 크리스가 판단과 선택을 하는 방식에서의 차이는 대개 그들의 성격 차이로 설명된다. 제4장에서 제11장까지 그들이 얻은 점수는 많은 것을 설명할 수 있다. 예를 들면, 크리스는 직관성에서 홀리보다 훨씬 높은 점수를 받았을 것이다. 홀리는 보다 느리고 신중하고 합리적인 방식을 좋아하지만 크리스는 본능적인 감정대로 선택하고 결정하는 것이 더 편하다. 분명히 크리스는 적당 만족형인 반면, 홀리는 최대 만족 추구형으로 나타날 것이다. 크리스는 또한 홀리보다 훨씬 더 모험을 감수하는 것으로 나타났다. 그는 홀리보다 더 인생에서 일어나는 일들이 행운에 기인한다고 믿는다. 그리고 크리스는 늑장 부리기 테스트에서 홀리보다 훨씬 더 낮은 점수를 받았을 것이다.

홀리와 크리스처럼 우리가 의사결정을 하는 방식은 개인의 성격에 강한 영향을 받는다. 성격이란 여러 가지 요소를 가진 복합적인 것이지만 제4장에서 제11장까지 받은 테스트는 의사결정 상황에서 당신이 어떤 방식으로 접근할 것인지를 상당히 잘 보여 주고 있다.

통제 소재 점수(제7장)부터 살펴보자. 만약 당신이 강한 외부 통제적 성향이 있다면 당신은 상대적으로 자신의 미래를 결정할 힘이 적다고 여길 것이다. 그렇다면 당신은 인생을 개선하기 위해 보다 나은 의사결정 기술을 배우는 일에 확신을 가지지 않을 것이다. 그렇지만 이어지는 장에 나타나는 근거와 사례, 제인들은 다른 관점에서 이를 비리 볼 수 있게 해 준다. 늑장 부리기와 충동성 점수(제8장, 제9장)는 당신이 문제를 보고 언제 반응하는가를 보여 준다. 이는 당신이 문제를 신속하게, 또는 약간 기다리면서, 아니면 아예 행동을 피하기 위해 노력하는가를 보여 주는 것이다. 어떠한 결정을 선택하는 목표가 단지 '충분히 좋음'이라는 것은 마치 책임 회피나 쉬운 길을 가는 것처럼 보이지만 더 만족스러운 결과를 가져오게 할 가능성도 있다. 언제나 최대한 만족하는 선택(제6장)을 하려고 노력하는 일은 당신을 피곤하게 만들 뿐 아니라 택하지 못한 하나 또는 여러 개의 선택을 후회하게 될 가능성이 높다.

당신은 문제를 발견했을 때 문제를 해결하기 위해 머리를 사용하는가, 아니면 육감을 사용하는가? 당신은 사실과 논리에 의지하는가, 아니면 개인적 가치와 직관을 사용하는가? 이러한 질문에 대한 해답은 의사결정 스타일(제4장)에서 찾을 수 있다. 그리고 당신이 안전한 선택을 원하는지 실패할 가능성을 기꺼이 받아들이는 모험적 결정을 하는지에 대한 대답은 당신의 모험 감수 점수(제5장)에서 찾아볼 수 있다. 마지막으로, 감정을 통제할 수 있을 때(제10장)와 과신을 억제할 때(제11장) 더 나은 의사결정을 할 가능성이 높아질 것이다.

당신은 이러한 성격에 관한 정보를 좋은 쪽이든 아니면 나쁜 쪽이든 자신의 의사결정 경향성을 파악하기 위한 방편으로 사용해야 한다. 우리 모두는 의사결정을 편향시키는 몇 가지 특성들을 가지고 있다. 또한 당신의 테스트 결과를 상황과 별개로 봐서는 안 된다. 성격 특성들은 항시 동일한 효과를 내는 예측 변수들이 아니다. 반드시 다양한 상황 맥락에서 봐야 한다. 예를 들면, 당신은 치과 예약 날짜가 다가오면 늑장을 부리는 경향이 있다. 하지만 다른 한편으로, 당신의 업무 프로젝트는 언제나 제 시간에 마무리한다. 이렇듯 상황의 차이가 성격의 경향성을 바꾸기도 하는 것이다.

지금은 당신의 성격이 당신의 선택에 영향을 준다는 것, 성격 특성이 어떤 경우에는 방해가 되지만 다른 한편으로는 도움이 될 수도 있다는 것, 상황 요인이 성격 특성의 영향력을 강화 또는 약화시킬 수 있다는 것, 성격 특성이 의사결정에 부정적인 영향을 끼치는 것을 제한하기 위해서는 당신의 성격 특성을 인식하는 것이 최우선 과제라는 것을 기억할 필요가 있다.

의사결정 Tip

- 당신의 성격이 당신의 의사결정 방법에 영향을 준다.
- 당신의 중요한 성격 경향성을 알아두어야 한다.
- 성격 특성이 어떤 경우에는 방해가 되지만 다른 한편으로는 도움이 될 수도 있다.

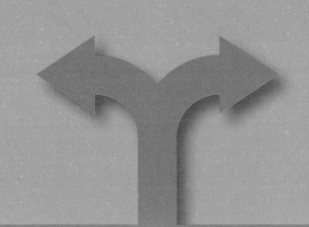

PART

03

우리 모두가
범하는 공통적인
편향성과 실수

DECIDE & CONQUER

확증의 편향성은 우리가 어느 곳에서 정보를
수집하는가에도 영향을 준다. 우리는 우리가 듣고 싶은 말을
해 줄 가능성이 높은 장소를 찾는 경향이 있기 때문이다.

chapter 13

당신은 어떻게 그렇다고 확신할 수 있는가

과도한 확신의 극복 방법

문제를 일으키는 것은 우리가 알지 못하는 것이 아니라,
우리가 잘못 알고 있는 것들이다.
―J. 빌링스 J. Billings

확신에 찬 의견이라고 해서 그것을 과대 평가해서는 안 된다. 심지어 해당 분야의 전문가들조차 자신들이 알고 있는 것보다 더 많은 것을 안다고 생각한다. 이러한 사실을 잘 나타내는 몇 가지 유명한 말들이 있다.

"주식시장은 아마 영원히 상승 곡선을 타게 될 것이다."(어빙 피셔, 예일대학교의 경제학자로 1929년 대공황과 주식시장 붕괴 직전에 한 말)

"어떤 일이 있더라도 미 해군은 방심하지 않을 것이다."(1941년 12월 1일 미 해군 장관이 진주만 기습 공격 3일 전에 한 말)

"우리는 그들의 음악과 기타 소리를 좋아하지 않는다. 그들은 곧 사라질 것이다."(1962년 왜 비틀즈와 계약하지 않았는가를 설명한 데카 음반회사 사장의 말)

"누구도 집에 컴퓨터를 들여놓기를 원하지는 않을 것이다." (1977년 디지털 이큅먼트 사의 설립자인 켄 올슨의 말)

"**판**단과 의사결정에서 과신보다 더 만연되어 있고 잠재적으로 더 파괴적인 문제는 없다"는 말은 아마 옳을 것이다.[1] 우리 모두는 이 때문에 고통 받고 있다. 제11장 '당신은 과도한 확신을 가지고 있는가'의 과신에 대한 테스트 결과를 다시 검토하라. 9점 미만의 점수를 받았는가? 그렇다면 과신 클럽에 가입하라.

> 판단과 의사결정에서 과신보다 더 만연되어 있고 잠재적으로 더 파괴적인 문제는 없다.

제11장에서 지적했듯이, 우리는 사실에 입각한 질문을 받았고 옳은 대답을 할 가능성에 대해 판단하라는 주문을 받았음에도 불구하고 너무 낙관적이었다. 우리는 이러한 사실을 바탕으로, 사람들은 일반적으로 자신과 자신의 성과에 대해 비현실적으로 긍정적인 견해를 가지고 있다고 말할 수 있다. 사람들은 자신의 지식을 과대 평가하고 위험을 과소 평가하며, 사건 발생에 미치는 자신의 통제 능력을 과대 평가한다.

"새로 사업을 시작하는 사람들은 그들이 만든 회사의 성공 확률을 지나치게 낙관하고 있으며, 사업 계획을 만드는 사람들은 프로젝트가 완결되는 데 소요되는 시간을 지나치게 짧게 잡고 있다. 사람들은 일반적으로 자신이 동료보다 더 행복할 것이고, 더 자신감이 넘칠 것이며, 보다 열심히 일할 것이고, 미래에는 다른 사람들보다 덜 외로울 것이라고 믿고 있다."[2]

연구 결과에 의하면, 사람들이 옳다고 60~70% 확신하는 경우에도 실제로는 50%만이 옳았다.[3] 그리고 100% 확실하다고 말하는 경우에도 70~85%만이 옳았다.[4]

우리는 자신을 평가할 때 특히 과신에 더 취약하다. 1백만 명의 고등학교 상급생을 대상으로 한 조사에서, 그들 모두 자신이 다른 사람과 비교해서 평균 이상의 능력을 가지고 있다고 생각했다. 60%의 학생들은 그들이 상위 10% 이내에 드는 능력을 가지고 있으며, 25%의 학생들은 그들이 상위 1%에 속한다고 생각했다.[5] 우리들 대부분은 실제보다 훨씬 더 일을 잘한다고 생각한다. 예를 들면, 우리는 자신의 업무 성과에 대해 과장된 견해를 가지는 경향이 있다. 통계적으로 모든 근로자 중 절반은 반드시 평균 이하의 성과를 나타낸다. 그러나 근로자들이 스스로의 업무 성과를 판단할 때는 평균 수준이 약 75%까지 올라간다.[6] 더 나아가 우리는 자신의 미래가 다른 사람보다 더 나을 것이라고 믿는 경향이 있다.[7]

우리의 과도한 확신은 투자에 대한 결정을 할 때 한층 더 위력을 발휘한다.[8] 그러한 확신이 우리가 시장에서 성과를 나타낼 것으로 보이는 주식이나 신탁자금을 제대로 선택할 수 있다는 잘못된 믿음을 갖게 한다.[9] 1990년대 말 데이트레이딩day-trading이 절정에 달했을 때 수백만 명의 투자자들이 시장의 평균을 넘어설 수 있다고 믿었기 때문에 수십 억 달러를 날렸다.

이러한 낙관적 경향이 모든 사람이나 상황에 동등하게 적용되는 것은 아니다. 확신에 차 있을 때, 또는 정확한 판단을 내리는 것이 어려울 때 이러한 성향이 표면으로 나타날 가능성이 높다.[10] 그러므로 어떤 사람이 무엇에 대해 95% 또는 100% 확신한다고 말하면 반드시 주의를 기울여야 한다.

덧붙여 말하면, 지적 및 대인관계 능력 모두가 가장 취약한 사람들이 자신의 성과나 능력을 과대 평가할 가능성이 가장 높다.[11] 우리가 어떤 현안에 대해 많이 알면 알수록 지나친 확신을 하게 될 가능성은 분명 적어진다.[12] 그래서 어떤 현안이나 문제가 우리의 전문 분야 밖일 경우 과도한 확신이 나타날 가능성이 높은 것이다. 하지만 이 장 앞에서 인용한 것처럼 전문가들조차도 과도한 확신 때문에 곤란을 겪을 수 있다.

왜 우리는 과도한 확신을 보이는 것일까? 여기에는 여러 가지 원인이 있다.[13] 첫 번째, 우월감에 대한 착각이다. 우리는 우리 자신에 대해, 그리고 다른 사람과 비교한 우리의 미래에 대해 비현실적으로 긍정적인 견해를 가지고 있다. 두 번째, 우리는 무작위적인 사건들을 통제할 수 있다는 순진무구한 생각을 가지고 있다. 우리는 운명을 완전히 통제할 수 있다고 믿으며 의사결정 능력에 대한 강한 자신감으로 이를 강화한다. 세 번째는 사건이 전개되는 모든 방법들을 상상하기에는 우리의 능력이 부족하기 때문이다. 우리는 얼마나 많이 실패할 수 있는지를 인식하지 못하기 때문에 과도한 확신을 가지게 된다. 네 번째, 우리는 이미 믿고 있는 것을 확신할 만한 정보를 찾는 경향이 있다. 우리는 종종 자신이 처음부터 좋아하는 대안을 찾기 시작하며 이를 부정하는 증거보다는 이를 뒷받침해 주는 정보에 초점을 둔다. 마지막으로, 우리는 스스로 과거의 결정에 대한 평가를 잘 못한다. 우리는 성공은 기억하고 실패는 잊어버리는 식으로 과거의 결정들을 선택적으로 평가한다. 이것이 실제로 할 수 있는 것보다 미래를 더 잘 예측할 수 있다는 우리의 믿음을 강화하는 것이다.

확신은 인생의 성공을 위해 중요한 것이다. 그리고 이 장은 자신에 대한 믿음이나 여러분이 좋은 선택을 할 수 있다는 믿음을 단념시키기 위한 내용에 대해 설명하고 있는 것이 아니다. 그러나 근거 없는 확신은 여러분을 위험에 빠뜨릴 수 있다. 그러면 이러한 병폐를 억제하기 위해 어떻게 해야 할까?[14] 우선 여러분이 과도한 확신을 보일 수 있다는 점을 인정하고, 그런 과도한 확신의 징후를 찾아야 한다. 또한 애써 부정적인 근거를 찾고 여러분의 예측이 틀릴 수도 있음에 대한 이유들을 탐색해야 한다. 휴스턴에 있는 ATP Oil & Gas의 CEO는 취업 대상자들을 면접할 때 이러한 접근 방식을 사용했다. "어떤 사람이 마음에 들면, 나는 그 사람이 우리 회사에서 일하면 안 되는 이유를 찾아내려고 노력했습니다. 그러나 어떤 사람이 우리 회사에서 일하면 안 될 것이라는 판단이 들면, 나는 마음을 바꾸기 위해 그 사람이 우리 회사에 있어야만 하는 모든 근거를 찾으려고 노력했습니다. 나는 즉각적인 본능과 반대되는 입장을 취함으로써 때로 그렇게 하지 않았으면 결코 알 수 없었을 사실들을 알게 되었습니다."[15]

만약 여러분이 이러한 과정을 택하기 어렵다면, 다른 사람에게 반대 입장의 토론 상대가 되어 줄 것을 요청함으로써 여러분이 택한 입장의 결점들을 보다 잘 볼 수 있게 될 것이다. 여러분의 편향성에 얽매이지 않는 다른 사람들은 때로 우리가 보지 못하는 사실들을 볼 수 있다. 마지막으로, 여러분은 어떤 현안에 대해 갖고 있는 전문적 지식의 수준에 따라 확신에 대한 인식 정도를 조정해야 힌다. 고려 중인 분야에 대한 전문성이 없을 때 우리는 과도한 확신을 갖게 될 가능성이 높다. 따라서 새 차를 사거나, 최선의 조건으로 아파트를 임대한다거나 하는 중요한 구매 결정을 할 때 우리 자신의 협상 기술에 대해 너무 과신하지 않도록 주의해야 한다.[16] 대개는 우리가 아니라 상대방이 전문적인 협상가다. 이러한 구매 결정 상황은 우리가 협상 상대에게 이길 가능성에 대한 과신 때문이라고 볼 수 있는 사례다.

의사결정 Tip

- 당신의 과신 경향성을 인식하라.
- 특히 고려 중인 분야에 대해 전문성이 없을 때는 더욱 경계해야 한다.
- 당신의 예측이나 응답이 틀릴 수도 있다는 점을 인식하고 그에 대한 이유를 찾아라.

chapter 14

내일 할 수 있는 일은 절대로 오늘 하지 마라

관성의 편향성

당신이 올바른 노선 위에 있더라도,
거기 가만히 앉아 있지 말고 계속 달려야 한다.
― W. 로저스 *W. Rogers*

척 랜달은 똑똑한 사람이었다. 그는 경영학 박사이며 유명 주립대학의 교수였다. 그는 2008년 9월과 10월 사이에 자신이 투자한 퇴직기금의 가치가 20% 하락하자 시장이 더욱 하락할 수 있음을 깨달았다. 그는 주식시장에서 빠져나가야겠다고 생각했지만, 그 사이 10, 11월이 지나갔고 몇 달이 더 흘렀다. 2009년 3월이 되었지만 척은 한 주도 팔지 않았다. 결국 그의 늑장은 심각한 피해를 가져왔다. 2008년 9월과 2009년 3월 사이에 그가 보유한 주식 포트폴리오는 54%나 하락했다.

제8장 '당신은 늑장 부리는 사람인가'로 되돌아가 보자. 당신은 늑장 부리는 사람인가? 당신은 업무를 완수하거나 결정하는 일을 지연시키고, 연기하고, 피하는 경향이 있는가?[1] 우리는 모두

관심의 편향성에 빠져 있다. 우리들 중 일부는 다른 사람들보다 이러한 질병 때문에 더욱 고통 받고 있다. 이번 장에서는 우리가 왜 의사결정과 관련하여 종종 문제점을 갖게 되는지 살펴보고 이러한 경향성을 극복하는 데 도움을 줄 수 있는 몇 가지 기술들을 살펴보고자 한다.

늑장 부리기는 어떤 일을 미루는 일반적인 성향이다. 때때로 우리 모두는 이로 인해 고통을 받는다. 우리는 크리스마스 쇼핑을 싫어하고, 치과 의사에게 가는 일을 기피하며, 가계부에 수입과 지출을 맞추는 일을 미룬다. 우리는 '미래에 언젠가는 더 많은 시간과 돈이 생길 것이고, 덜 피곤하고 스트레스를 덜 받을 것처럼' 행동한다.[2] 습관적인 우유부단이 서로 독립된 사소한 문제에 대한 것이라면 장기적으로 우리 인생에 영향을 주는 일은 적다. 그러나 이러한 만성적 늑장이 일상 생활(마감시간에 맞춰 업무 완수하기, 가족의 의무를 다하기)이나 우리 인생의 중요한 현안(직업의 선택, 결혼, 은퇴 후 계획)과 관련 있게 되면 그 인생은 점점 더 허약해진다. 여러 증거에서 나타나듯이, 우유부단한 사람들은 처한 상황에 짓눌린 인생에 늘 시달리고 있으며, 어떻게 상황을 바꿔야 할지 모르기 때문에 종종 덫에 걸린 느낌을 받는다.[3]

무엇 때문에 늑장을 부리게 되는가? 이 질문에 대답하는 것은 간단한 일이 아니다. 여러 가지 요인이 있을 것이다.

- 약한 자아존중감
- 실수를 저지르는 데 대한 공포
- 완벽주의자 되기
- 지속적 통제에 관한 욕구

- 동기 부여의 결여
- 빈약한 조직화
- 여러 군데서 경쟁적으로 아우성치는 납기 요구[4]

   그러나 대부분의 경우, 늑장 부리기의 일차적인 원인은 갈등이다.[5] 한 가지 선택이 다른 것보다 모든 측면에서 좋다면 갈등은 없고 선택은 쉽다. 그러나 각각의 선택 대안들이 주목할 만한 장점과 단점들을 가지고 있으면, 사람들은 갈등을 겪게 되고 선택을 기피하거나 결정을 미루고 다른 부가적인 정보나 대안을 찾게 된다.[6]

   하나의 명백한 대안만이 존재한다거나 여러 대안이 있지만 선호도 상에서 서열이 분명할 경우 의사결정의 늑장 부리기 경향은 최소화된다. 그러나 여러 가지 선택 대안이 있고 그것들이 서로 비슷할 경우 결정을 미루거나 계속해서 추가 정보를 수집하게 되는 경향이 나타나게 된다.[7] 이러한 사실은 하나 또는 여러 개의 만족스러운 대안이 있는 경우에도 나타난다. 또한 실제로는 그렇지 않음에도 선택 대안들이 비슷하게 보이는 경우에도 나타난다. 이는 우리가 실제보다는 지각하는 것에 따라 행동하기 때문이다. 선택 대안들이 기본적으로 서로 비슷하다고 인식하는 경우에도 결정을 미루거나 새로운 정보나 대안을 기약 없이 계속 찾게 될 수 있다.

   합리적 의사결정 과정(제2장 '합리성의 추구'와 제3장 '합리적이기 힘든 이유' 참조)을 보면 갈등은 문제가 되지 않는다. 이에 따르면 의사결정자는 모든 대안들에 대해 객관적으로 순위를 매기고 선호도의 순위를 정할 수 있다고 가정한다. 그러나 현실 세계에서는 대안들을 차별화하는 것이 그리 쉬운 일이 이니다. 그래서 우리는 갈등을 겪는 것이다.

갈등 이외에도 일 자체가 늑장 부리기의 주요 원인이 될 수 있다.[8] 우리는 일반적으로 여러 가지 선택 대안이 있고 그것들이 서로 비슷할 경우 결정을 미루거나 계속해서 추가 정보를 수집하게 되는 경향이 나타나게 된다.

싫어하는 일이나 결정을 피하려고 한다. 우리는 일 년에 두 번 치과에 가야 한다는 사실을 알고 있지만 예약을 미룬다. 또 우리는 이력서를 보내고도 채용 거절이 두려워 확인 전화를 뒤로 미룬다. 우리는 원하기는 하지만 곧잘 미루는 것들이 많다. 다이어트 시작하기, 금연, 정기적으로 운동하기, 신용카드 대금 지불하기 등이 그러한 예다. 이러한 것들은 모두 매력 없는 일이며 잠깐의 고통이 장기적 이익보다 크다고 지각되기 때문에 발생한다.

당신이 늑장 부리는 사람이라면 이러한 짐을 영원히 억지로 지고 가겠는가? 이러한 습관을 극복하는 일이 어렵기는 하지만 그래도 당신이 할 수 있는 일이 두 가지 있다. 작은 결정에 있어서는 스스로에게 "걱정하지 마. 그냥 결정하면 돼"라고 말해도 좋다. 식당에서 메뉴를 고르거나, 오늘 입을 옷을 고르거나, 오늘 밤 무슨 영화를 볼까 하는 것들은 대개 걱정할 필요가 없는 일들이다. 이런 종류의 결정들은 '잘못' 선택하더라도 그 피해가 매우 적다.[9] 큰 결정에 대해서는 스스로에게 여러 가지 제약을 부과해 보라.[10] 예를 들면, 어겼을 경우 낭패를 보거나 손해를 보게 되는 마감시한을 부과할 수 있다. 여러분이 정한 마감시한이 공공연하게 알려지면 가장 효과가 좋다. 내가 대학에서 조기 은퇴를 고려했을 때, 나는 18개월 전에 내 의사를 공공연하게 밝히기 시작했다. 공공연하게 내 의사를 밝혔기 때문에 이를 지연시킨다면 무안하게 되므로 나는 생각보다 쉽게 최종 결정을 할 수 있었다. 스스로에게 제약을 부과하는 예를 하나 더 소개한다. 당신이 체중을 줄이기 위해 노력하는 중이라면 치즈 케이크 공장에 고칼로리 음식들을 만들어 내지 말라고 말하기보다는 수프와 샐러드만을 파는 식당에 가라.

타성을 극복할 수 있는 또 다른 접근 방법에는 자동 행동 전략이나 선불 같은 방법이 있다. 예를 들어, 새로 직장을 옮길 때마다 퇴직 기금 포트폴리오를 자동으로 재조정하도록 하면 리스크의 균형을 유지하는 데 도움이 될 것이다.[11] 그리고 개인 트레이너에게 미리 6개월 치를 지불하면 그 기간 동안 트레이닝장에 모습을 보일 가능성이 높아지게 될 것이다.

의사결정 Tip

- 여러분의 늑장 부리기 점수는 일반적 경향성을 나타낸다.
- 작은 결정은 그냥 선택하라.
- 큰 결정에 있어서는 스스로에게 제약을 부과해 보라. 그리고 자동 행동 전략이나 선불 같은 방법을 쓰라.

chapter 15

나는 이것을 원해, 그리고 지금 당장 원해!

즉각적 만족의 편향성

참을성이 늘 도움이 되는 것은 아니다.
하지만 성급함은 절대로 도움이 되지 않는다.
— 익명

세리 웨이너는 비교적 풍요롭게 자랐다. 그녀는 열여섯 살이 되었을 때 차를 가졌다. 아버지는 열일곱 살 생일 선물로 신용카드를 주었다. 가족들은 대학 학비를 보조해 주었고 매달 용돈을 보내 주었다. 세리는 한 번도 예산, 절약, 즉각적 만족의 지연과 같은 개념을 갖지 못했다. 뭔가 원하는 것이 있으면 바로 그것을 샀다.

세리는 이제 스물다섯 살이 되었다. 그녀는 풀타임 직장과 잘 꾸며진 아파트, 좋은 옷으로 가득 찬 옷장, 그리고 두툼한 청구서 뭉치를 가지고 있다. 채권자로부터 빚 독촉 전화를 받지 않고 넘어가는 주가 한 주도 없다. 내가 세리에게 빚이 얼마나 되는가를 묻자, 세리는 잠깐 생각하더니 이렇게 말했다. "솔직히 나도 얼마인지 모르겠어요. 아마 내 신용카드 모두를 합하면 1만 5천 달러쯤 될 거예요." 세리의 추측은 틀렸다. 세리는 채권 추심 회사들과의 끊임없는 싸움에 질려서 마침내 채권 통합 서비스 회사를 찾아갔다. 그들이 그녀의 신용카드 빚을 추적해 본 결과 총 3만 7천 달러에 이르렀다! 더구나 그 회사는 그녀가 매달 이들 카드 회사에 납입한 4백 달러로는 누적된 채무 총액의 매달 이자인 550달러에도 미치지 못한다는 사실을 세리에게 알려주었다. 세리는 말문이 막혔다. 어떻게 그녀는 이런 혼란 속으로 빠져들게 되었는가?

이것은 세리만의 이야기가 아니다. 39%가 넘는 미국 가정이 신용카드 지출 금액에 따른 이자를 지불하고 있다.[1] 그리고 2014년 가계 평균 신용카드 지출은 8천 220달러에 이른다.[2] "지금 사고, 지불은 나중에!"라는 구호는 산업 사회를 살아가는 소비자의 주문이 되었다. 많은 사람들이 즉각적인 만족을 지연시키는 것에 대해 매우 힘들어한다. 흥미로운 사실은, 이러한 행동이 기본적으로 늑장 부리기와는 반대라는 것이다. 두 가지 모두 자기 통제의 문제다. 하나는 관성적으로 하는 것을 선호하는 것과 관계가 있고, 다른 하나는 현재에 편향된 즉각적인 만족을 선호하는 것과 관계가 있다. 나아가 두 가지 행동에서 일부분은 성격적인 것이고 또 일부분은 상황적인 것이다. 제9장 '당신은 충동적인가'의 충동성 테스트 결과로 돌아가 보자. 만약 70점 이상 득점했다면 당신은 즉각적 만족을 지연하는 데 어려움을 가지고 있을 가능성이 높다. 우리가 보게 되는 것처럼, 장기가 아니라 즉시를 선호하는 것에는 비용과 보상이 따른다. 그러나 일부 사람들은 즉각적인 만족의 편향성을 통제하는 방법을 능숙하게 배우고 있다.

사람들은 즉각적인 보상을 원하고 즉각적인 비용을 피하고자 하는 경향성 때문에 고통 받는다.[3] 만약 어떤 것이 좋으면 우리는 지금 당장 그것을 원한다. 어떤 것이 고통을 주면 우리는 그것을 연기시키려 한다. 다이어트, 금연, 신용카드 사용을 줄이는 것이 왜 힘든가? 맛있는 음식, 즐거운 흡연, 즉각적 구매라는 즉각적인 보상을 주는 반면, 그 비용은 막연한 미래에 지불하기 때문이다.[*]

최근 들어 '정서지능' 개념이 많은 관심을 끌었다.[4] 강한 정서지능을 가진 사람들은 인생의 압박과 스트레스에 대해 뛰어난 대처 기술을 가지고 있어, 이를 좀 더 잘 다룰 수 있는 능력이 있다는 것을 보여 주는 증거가 있다. 정서지능의 개념 중 흥미로운 연구 결과는 강한 정서지능을 가진 사람이 만족을 지연시키는 능력을 더 많이 가지고 있다는 것이다. 예를 들면, 한 연구에서 네 살짜리 아동들에게 지금 한 개의 마시멜로를 받거나 몇 분 뒤에 두 개의 마시멜로를 받는 두 가지 중 하나를 선택할 수 있도록 했다.[5] 10년 뒤에 추적 연구 조사한 결과, 만족을 지연시킬 수 있었던 아이들은 즉각적 만족을 선택한 아이들보다 쉽게 좌절하지 않고, 고집이 세지 않았으며, 인기가 많고, 자신감이 있으며, 스트레스를 더 잘 조절했다. 또한 앞날의 계획을 잘 세우

---

[*] 지불이 미래에 이루어진다는 것은 보상이 즉각적이라는 것과는 달리, 고통이나 처벌에 해당하는 갚는 것(지불)은 미래 시점으로 지연된다는 의미다.

고, 일반적으로 문제를 덜 일으키고 있는 것으로 조사되었다. 이는 정서지능과 즉각적 만족을 지연시키는 능력이 가진 가치를 보여 주는 사례다.

만족 지연의 상황적 측면으로 돌아가 보자. 우리의 성격 성향에 관계없이, 즉각적 보상을 주면서 비용을 연기시키는 활동들은 근본적으로 '순간을 위한 삶'을 조장한다. 불행히도 우리 인생은 장기적 관점에서 봐야 할 결정들로 가득 차 있으며, 이러한 결정들의 상당수는 매우 중요한 것이다. 예를 들면, 대학 진학을 포기하고 직장에 다니기로 한 결정은 즉각적인 보상을 준다. 정기적인 보수가 지급되며 즐겁지 않은 일인 학교 출석, 공부, 시험을 치르지 않아도 되는 것이다. 한편, 학위를 취득함으로써 얻는 수익은 불확실하다. 열여덟 살의 나이에 4년 이상의 미래를 예측한다는 것은 매우 어려운 일이다. 이와 마찬가지로, 은퇴 후를 위해 매달 돈을 저축한다는 것은 그 돈이 점점 불어나고 또 그때까지 생존해서 그 돈으로 즐기게 될 것이라는 희망으로 현재의 지출을 억제하는 것이다. 이 두 가지 상황을 보면 즉각적인 만족을 연기시킴으로써 수익이 나지만, 그 수익이 먼 미래로 연기되어 있고 또한 불확실하다.

많은 사람들이 참을성이 부족하고 장기적 관점이 신통찮은 이유는 수익이 미래에 있어, 그 수익을 얻을 수 있는 시기가 멀면 멀수록 장기 수익을 더 적게 평가하기 때문이다. 대부분의 젊은이들에게는 20년간의 훌륭한 직업 또는 40년의 안락한 은퇴 생활이 아주 먼 미래의 일로 여겨져 그 가치가 크게 절감된다. 우리는 지금 1달러로 무엇을 살 수 있는지 알지만 10년, 20년 후의 1달러의 가치는 알 수 없다. 교수인 내 친구 하나는 저술을 그만두고 컨설팅 업무에 전념하는 이유를 설명해 주었다. "나는 컨설팅 일을 하면서 몇 주간의 계약이 끝나면 고정적이고 예측 가능한 금액을 보수로 받지. 내가 책을 쓰면 책이 출판될 때까지 1, 2년 동안 기다려야 하고 그 후에나 인세를 받을 수 있다네. 그리고 그 인세는 2만 달러가 될지, 1백 달러가 될지 모르는 거야. 나는 글 쓰는 일을 좋아하지만 컨설팅 업무가 내게 즉각적이고 얼마인지 알 수 있는 보상을 주지."

만약 당신이 즉각적인 만족의 유혹에서 벗어나고 싶다면, 두 가지 일을 할 수 있다. 첫째, 장기적인 목표를 정하고 정기적으로 그것을 관찰해야 한다. 이렇게 함으로써 장기적인 목표에 초점을 맞출 수 있고 미래에 더 많은 수익을 발생시킬 수 있는 의사결정을 정당화하는 데 도움을 받을 수 있을 것이다. 만약 당신이 10년, 20년 뒤에 무엇이 되고 싶은지 모른다면, 당신은 미래를 등한시하고 순간을 위해 살게 될 가능성이 높다. 둘째, 보상과 비용에 함께 관심을 기울여야 한다. 우리는 자연스럽게 즉각적 보상을 크게 생각하고 미래의 비용을 작게 여기는 경향이 있다. 중요한 결정을 위해서는, 미래의 비용에 대해 주의 깊게 고려해야 한다. 예를 들어, 당신이 노년에 거지가 될 가능성에 대해 생각해 보자. 그리고 미래를 계획하지 않은 결과로 현재 고통받고 있는 사람들의 실례를 돌아보자. 만약 당신이 신용카드 사용을 억제하는 데 어려움을 겪는다면, 신용카드 빚으로 파산한 사람들을 만나 이야기를 들어 보라. 그들이 겪고 있는 고민과 당혹스러움에 대해 들어 보자.

의사결정 Tip

- 즉각적 만족과 관련된 성격 경향성을 파악하자.
- 장기적 목표를 정하고 정기적으로 그것을 관찰하자.
- 미래의 비용에 대해 충분히 고려하자.

chapter 16

닻 효과

당신이 마지막에 어디에 서 있는가는
당신이 어디에서 출발했는가에 달려 있다

더 많이 물을수록, 더 많은 것을 알게 된다.
– 익명

브라이언과 론다는 여러 달 동안 집을 찾고 있었다. 그래서 그들은 완벽한 집을 찾았다. 집주인은 29만 5천 달러를 제시했다. 언제나 명석한 협상가였던 브라이언은 숙제를 하기 시작했다. 그는 최근 해당 지역에서 거래가 성사된 모든 사례의 목록을 만들었고, 그중 그가 원하는 것과 비슷한 사례를 발견했다. 그는 부지 넓이, 방의 수, 건평, 건축 품질, 건축년도, 상태, 비슷한 요소들을 비교했다. 이와 같은 세심한 분석 결과 브라이언은 그 집의 적정 시장 가격은 25만 5천 달러라는 결론에 도달했다. 이제 도전이 시작되었다. 만약 브라이언이 29만 5천 달러에 초점을 맞춰 협상을 시작한다면 브라이언은 수비적이 된다. 4만 달러를 깎을 이유를 브라이언이 설명해야 하는 것이다. 그러나 브라이언이 25만 5천 달러에 초점을 맞춰 협상을 시작한다면, 오히려 집주인이 최근의 매물과 비교하여 25만 5천 달러라는 가격은 이 집값에 맞지 않으며 왜 더 올려 받아야 하는지를 브라이언에게 설명해야 한다. 그렇게 된다면 그 집을 25만 5천 달러에 가까운 가격에 구매할 가능성이 훨씬 더 커지게 된다. 브라이언은 제시된 가격에서 자기가 제시한 가격으로 협상의 포인트를 옮기려고 시도했다.

브라이언은 닻 효과anchoring effect를 이해하고 있었다. 그는 협상의 시작 지점이 마지막 결과를 결정하는 데 중요한 역할을 한다는 것을 알고 있었다. 이 장에서 닻 효과가 어떻게 다양한 결정(협상에서 배심원의 평결에 이르기까지)을 좌우하는지, 그리고 그 영향력을 줄이기 위해 무엇을 할 수 있는지를 설명할 것이다.

닻 효과란 최초의 정보가 시작점으로 고정되는 경향성을 말한다. 일단 고정되면, 우리는 후속 정보들을 적절하게 조정하지 못하게 된다.[1] 왜 이러한 일이 생기는 것일까? 우리의 마음은 처음 받아들였던 정보에 중점을 두게 된다. 그래서 나중에 받은 정보보다 처음에 받은 인상이나 생각, 가격, 평가에 과도한 무게가 실리게 된다.[2]

닻 효과는 광고업자나 정치가, 부동산 중개인, 변호사 등 남을 설득하는 일을 하는 사람들에 의해 광범위하게 사용되었다. 예를 들면, 어떤 모의재판에서 원고의 변호사는 배심원들에게 1천 5백만 달러에서 5천만 달러 범위의 배상금을 요구했다. 또 다른 배심원들에게는 5천만 달러에서 1억 5천만 달러 범위의 배상금을 요구했다. 닻 효과에 따라 두 가지 상황에서 조성된 배상액은 1천 5백만 달러와 5천만 달러로 정해졌다.[3]

그러나 협상이란 설득 전문가들에게만 해당되는 것이 아니다. 우리 모두가 교섭과 관계가 있다. 우리는 새 차를 산다. 또한 우리는 집이나 회사를 사고 판다. 우리는 혼전 계약을 맺거나 연봉을 협상한다. 그리고 협상에서는 언제나 닻 효과가 발생한다. 누군가가 숫자를 말하면 곧바로, 그 숫자를 객관적으로 무시할 수 있는 당신의 능력이 타협을 벌인다. 예를 들면, 채용 가능성이 높은 고용주가 당신에게 이전 직장에서 받은 급여를 묻는다면, 당신의 대답이 하나의 기준이 되어 고용주의 제의가 나오게 된다. 우리 대부분은 이를 이해하고 새로운 고용주가 더 많은 급여를 제시할 것을 기대하면서 이전에 받았던 급여를 '상향 조정'하려고 한다.

다시 주택 가격으로 돌아가 보자. 주택의 구입이나 매각은 대부분의 사람들에 가장 큰 재정적 의사결정이다. 전형적인 구매자만이 맨 처음 부른 가격에 얽매이

> 협상에서는 언제나 닻 효과가 발생한다.

는 것이 아니라 전문가들도 그러하다는 것이 밝혀졌다.[4] 애리조나 주 투산의 노련한 부동산 중개인들을 대상으로 한 실험이 이를 잘 보여준다. 중개인들에게는 여러 집들을 설명하는 10쪽 분량의 자료 뭉치가 주어졌고 그들은 이들 집을 돌아보게 되었다. 이 자료에는 Multiple Listing Service 사의 목록 자료와 투산 시의 최근 매매 자료, 그리고 현재 시장에 매물로 나와 있는 주택에 관한 자료가 들어 있었다. 중개인들에게는 이들 집에 대한 '공정 시장 가격' 사정과 매매 금액의 예측을 요청했다. 이 실험의 요점은 요약 자료의 매매 가격이 조작되었다는 것이다. 실험 대상 주택들은 감정인에 의해 독립적인 평가를 받았지만 중개인들에게는 실제 감정가보다 12% 상향된 자료에서 12% 하향 조정된 것까지 서로 다른 자료가 주어졌다. 감정 결과 닻 효과가 나타

났는데, 목록에 제시된 가격이 높을수록 중개인들의 평가와 매매 추정 가격은 높아졌다.

닻 효과는 객관적인 비교 정보가 없을 때 가장 큰 위력을 나타낸다. 파텍 필립 시계가 왜 6만 달러의 가치가 있는가? 제조업자가 그렇게 말했기 때문인가? 다이아몬드를 구입한 적이 있는가? 하나를 샀는가? 잘 샀는지 어떻게 알 수 있는가? 이름이 알려지지 않은 예술가가 그린 이 멋진 그림은 50달러의 가치가 있는가, 아니면 5천 달러의 가치가 있는가? 보석이나 예술품의 구매는 닻 효과에 특히 취약하다. 대부분의 사람들에게는 그것의 진정한 가치를 평가하는 것이 대단히 어렵기 때문이다. 우리는 판매자가 말하는 최초 가격에 많은 영향을 받는다.

애매한 상황에서는 사소한 요인에도 특별한 주의를 기울여야 한다. 사소한 요인들이 우리에게 최초의 입장에서 빠져 나오지 못하게 하는 닻 효과를 발생시켜 커다란 영향을 줄 수 있기 때문이다. 그리고 믿기 어려운 닻도 큰 효과를 만들어 낸다.[5] 한 가지 예로, TV 광고방송에서 특정 제품에 대한 수익을 첫해에 30만 달러 올릴 수 있다고 약속한 쪽이, 보다 현실적인 숫자인 2만 5천 달러의 수익을 낼 수 있다고 약속한 쪽보다 훨씬 더 많은 사람들을 끌어 모을 것이다. 우리가 30만 달러 주장에 의문을 제기할 수 있는 확고한 참조 근거가 없기 때문에 사기성이 짙은 사업가들이 과장된 광고로 선량한 사람들의 돈을 긁어내는 일이 용이한 것이다.

당신 스스로 닻 효과에 덜 민감해지도록 하는 몇 가지 방법이 있다. 첫째, 닻 효과의 편향성에 주의하는 것이다. 우리 모두가 첫인상에 취약하다는 것을 인식하고, 처음 제시된 정보를 경계해야 하는 것이다.

특히 최초의 평가가 비성상석으로 높거나 낮은 경우에는 이를 세심히게 조사해야 한다.[6] 둘째, 가장 좋은, 또는 가장 나쁜 시나리오를 만나면 이를 경계해야 한다. 최초 닻의 값이 극단적으로 높을 때 가장 큰 닻 효과를 만들어 내기 때문이다. 예를 들면, 이상적인 조건하에서 벤처 사업의 가능성을 고려한 후에, 실제로 이러한 사업의 가치를 현실적으로 평가하기는 매우 어렵다.[7] 마지막으로, 닻 효과에 대해 알고 있는 지식으로 협상 기술을 향상시켜야 한다. 만약 당신이 구매자라면, 최초의 제안에는 그리 많은 주의를 기울이지 말아야 한다. 시작 지점은 가져야 하지만, 최초의 제안은 극단적이거나 이상적일 가능성이 높다. 최초의 제안 때문에 당신의 관심을 제한하거나 선택의 폭을 좁히지 말아야 한다. 반대로, 당신이 판매자라면 최초의 가격을 먼저 밝혀서 주도권을 쥐도록 노력하고, 최초의 가격 근처에서 협상이 이루어지도록 해야 하는 것이다.[8]

의사결정 Tip

- 최초의 값이 후속 정보들을 편향시킨다는 것을 인식하라.
- 최초의 값이 비정상적으로 높거나 낮은 경우, 또는 가장 좋은 혹은 가장 나쁜 시나리오를 만나면 이를 경계해야 한다.
- 당신이 구매자라면, 최초의 제안에는 그리 많은 주의를 기울이지 말아야 한다.
- 당신이 판매자라면, 최초의 가격을 먼저 밝혀서 주도권을 쥐도록 노력하라.

chapter 17

믿게 되면 보일 것이다

선택적 지각의 편향성

해법을 보지 못하는 것이 아니라 문제를 보지 못하는 것이다.
−G.K. 체스터튼 *G. K. Chesterton*

다음 내용은 지각에 관한 고전적 연구를 설명한 것이다. 23명의 중간 관리자들에게 철강회사의 운영 활동을 설명한 포괄적인 사례를 읽도록 했다.[1] 23명의 관리자 중 6명은 판매 분야, 5명은 생산 분야, 4명은 회계, 그리고 8명은 잡무를 수행하고 있었다. 사례를 다 읽은 후, 각 관리자들에게 이 회사의 신임 사장이 가장 먼저 다뤄야 할 문제를 지적해 줄 것을 요청했다. 판매 관리자의 83%가 판매가 가장 중요하다고 응답했으나 나머지 사람들은 29%만이 그렇다고 응답했다. 이와 유사하게, 생산 관리자는 생산 분야에 우선순위를 두었으며 회계 관리자는 회계 분야의 문제에 초점을 두었다. 이러한 결과가 말하는 것은, 조사 참여자들이 사례의 우선순위를 각자가 속한 분야의 목표와 활동에 중점을 두고 해석했다는 것이다. 이들 관리자들은 자신의 경험, 훈련, 관심에 비추어 조직의 경영 활동을 선택적으로 지각하고 해석했다.

철강 회사 사례와 같은 노호한 상황에서의 지깈은 자극 그 자체보다는 개인적인 주관적 해석에 보다 큰 영향을 받는 경향이 있다. 태도, 기호, 경험, 배경이 우리가 보는 것을 선택적으로 편향시킨다.

철강회사 사례는 조직 내의 소속 부서가 어떻게 지각의 편향성을 가져왔는지를 보여 주었다. 그러나 이러한 편향성은 다양한 요인에 의해 나타난다. 연령, 성별, 인종, 어린 시절의 경험, 직업, 가족의 지위도 이러한 요인에 속한다. 예를 들면, 나이 든 사람은 랩 음악에 덜 익숙하기 때문에 일흔의 어르신이 스무 살의 젊은이보다 랩 음악을 더 신경 써서 들을 가능성이 있다. 독신 여성은 종종 구혼하는 남자가 즉흥적으로 말한 내용의 의미를 그 구혼남의 의도와는 다르게 인식한다. 살면서 인종 차별을 경험한 적이 있는 흑인, 아시아인, 히스패닉, 그리고 다른 소수민족들은 인종 차별을 결코 경험해 본 적이 없는 사람들보다 인종 차별적 비난을 훨씬 더 잘 알아차리고 화를 낸다. 아이가 있는 부부가 보는 세상은 아이가 없는 부부가 보는 세상과는 매우 다르다. 그리고 관계성이 종종 선택적 지각의 이유가 된다. 친구들은 우리가 보지 못하는 우리 결혼의 문제를 볼 수 있다. 친구들은 우리처럼 경험과 기대가 주는 무게로 인해 똑바로 보지 못하지는 않기 때문이다.

언론이 세상의 사건을 공정하게 다루고 있다고 생각하는가? 무엇이 공정한가는 당신이 어느 편에 서 있는가에 달려 있다. 예를 들어, 10일간에 걸친 어느 연구에서 밝힌 바에 따르면 아랍을 지지하는 학생들과 이스라엘을 지지하는 학생들 공히 아랍과 이스라엘의 분쟁을 다룬 미국 텔레비전 뉴스가 편향되었다는 사실에 동의했다고 한다.[2] 그러나 양측 학생들은 그 편향성을 자기편에서 바라보았다. 평균적으로, 아랍을 지지하는 학생들은 42%가 이스라엘에 대한 언급이 우호적이며, 26%만이 비우호적이라고 응답했다. 이와 반대로, 이스라엘을 지지하는 학생들은 57%가 이스라엘에 대한 언급이 비우호적이며, 16%만이 우호적이라고 응답했다.

세상은 우리가 수용할 수 있는 것보다 훨씬 더 모호하다. 그리고 우리 각자는 고유의 지각적 기반을 가지고 이 모호한 세상을 보고 해석한다. 그 결과는? 우리를 둘러싼 사건들을 객관적으로 본다는 것은 우리

> 우리는 편향된 지각을 바탕으로 사건들을 선택적으로 조직화하고 해석하며, 이러한 해석을 실제라고 부른다.

능력 밖의 일이다. 오히려 우리는 편향된 지각을 바탕으로 사건을 선택적으로 조직화하고 해석하며, 이러한 해석을 실제reality라고 부른다. 선택적 지각은 우리가 '어떤 정보에 주의를 기울이며, 어떤 문제를 확인하고 어떤 대안들을 떠올리는가'에 영향을 줌으로써 의사결정을 편향시킨다. 편향된 세상을 보고 있기 때문에 우리는 모호한 상황에서 제대로 되지 않은 결론을 도출해 낸다. 이러한 사실은 사형제도에 관한 연구에서 나타난다.[3] 사형제도에 찬성하는 사람과 반대하는 사람들 모두에게 두 가지 입장의 판례를 읽도록 했다. 하나는 사형을 찬성하는 입장이고 하나는 반대하는 입장의 판례였다. 그들은 서로 대조적인 관점을 가진 판례에 모두 노출되었지만, 선택적 지각에 맞게 그것은 읽기 전에 가졌던 견해를 단지 강화하는 역할만 할 뿐이었다. 연

구에 참가한 사람들은 그들의 믿음에 상반되는 근거들을 무시했으며, 실제로 두 가지 근거들을 섞어 자신들의 원래 믿음을 확인하는 근거로 해석했다.

우리는 선택적 지각을 없앨 수는 없다. 모든 상황에서 우리는 과거의 경험, 태도, 기존의 관심에 영향을 받는다. 그러나 우리는 자각의 범위를 넓히고, 기대의 영향력에 맞서며, 다른 사람들은 그 상황을 어떻게 해석하는가를 고려함으로써 지각의 편향성을 최소화하는 적극적 시도를 할 수 있다.

"진실과 아름다움은 보는 사람의 눈에 달려 있다"라는 사실을 인정하는 것에서부터 출발하자. 순수한 객관성이란 없다. 우리 모두는 믿고 싶은 것만 믿게 하는 오염된 렌즈를 통해 세상을 보고 있다. 그 다음은, 우리의 지각적 편향성이 무엇인가를 이해할 필요가 있다. 어떤 예상이 우리가 어떤 상황을 보는 방식을 편향시키는가? 마지막으로, 다른 예상을 가진 사람이라면 우리가 지금 보고 있는 상황을 어떻게 다르게 볼지 스스로에게 물어 보라. 예를 들어 보자. 쇼너 클라크는 서른 살이다. 그녀는 경제적 낙관론의 시대였던 1980년대와 1990년대에 자라났다. 2000년 봄, 주식시장이 3년간의 하향곡선을 그리기 시작했을 때, 쇼너는 모든 하락 시점이 '매입의 기회'라고 생각했다. 다우존스 지수가 400 또는 500포인트 하락할 때마다 그녀는 믿음을 가지고 더 많은 돈을 주식시장에 투자했다. 그러나 불행하게도, 2002년 초에 이르자 그녀는 저축의 40%를 날렸다. 쇼너가 가졌던 선택적 지각의 문제는 그녀의 경험에서 비롯된 것이었다. 그녀는 평생 동안 주식시장이 계속 하락하는 경우를 한 번도 보지 못했다. 그녀가 봐 온 주식시장은 일시적인 단기 침체는 있지만 지속적으로 상승해 왔다. 그녀는 모든 하향세를 저가에 주식을 매입할 수 있는 기회라고 판단한 것이다. 한편 그녀의 아버지는 1973~75년에 시장이 장기적으로 침체하는 것을 경험했고, 그녀의 할아버지는 1930년대 초반 주식시장의 급락을 겪었다. 그녀의 아버지와 할아버지는 시장이 급속히 회복되리라는 것에 대해 그리 확신하지 않았고, 그래서 2000~2002년 사이의 하락 시점을 매입의 기회로 여기지 않았다. 쇼너의 행동은 2002년 3월에 변화하였다. 그녀는 하락하는 주식시장을 아버지와 할아버지의 눈으로 바라보게 되었다. "주식시장의 패턴을 과거 10년이 아니라 70년의 눈으로 바라보니까 잘못했으면 더 잃을 뻔했던 많은 돈과 비통함을 절약할 수 있었습니다."

의사결정 Tip

- 우리의 모든 지각이 편향되어 있음을 인식하라.
- 어떤 상황에서 당신이 어떻게 기대하고 있는지가 당신의 지각을 편향시킨다는 점을 감안하라.
- 어느 편에도 치우치지 않는 조직 외부의 사람이 우리가 처한 상황을 다르게 볼 수 있다는 것을 고려하라.

chapter 18

나는 내가 원하는 것만 듣는다

확증의 편향성

소위 추론이라고 부르는 것은 이미 우리가 믿고 있는 것을
증명하기 위한 주장들을 찾는 것이다.
─J. H. 로빈슨 J. H. Robinson

마이크 딜러니는 운동 애호가다. 마흔여덟 살인 그는 십대 후반부터 규칙적으로 운동해 왔다. 보통 그는 하루에 두 시간씩, 일주일에 세 번 정기적으로 헬스클럽에 간다. 그는 일주일에 평균 56킬로미터를 달린다. 때로 일상적인 운동 외에 기구를 이용하여 걷기나 노 젓기를 한 시간 정도 하기도 한다.

최근 몇 달 동안 마이크는 온몸 여기저기 통증에 시달려 왔다. 일상적인 통증보다 훨씬 더 심했다. 무릎도 쑤셨고, 아킬레스건도 아팠으며, 척추 아래쪽도 고통스러웠다. 그는 주치의에게 전화를 걸었고, 주치의는 스포츠의학 전문가를 추천해 주었다. 철저한 조사를 끝낸 후, 전문가는 마이크에게 운동량을 줄일 것을 권했다. "당신은 이제 이런 힘든 운동을 하기에는 나이가 너무 많습니다. 당신의 신체가 더 이상 견딜 수 없습니다. 건강을 유지하기 위해서라면 하루에 30~45분만 운동하도록 하십시오."

부상으로 인해 고통 받고 있는 동시에 이러한 전문가의 말에 화가 난 마이크가 운동량을 줄이라는 그의 제안을 따랐을까? 아니다. 마이크는 이렇게 말했다. "몸은 사용하지 않으면 잃게 되는 것입니다. 나는 건강해지려면 격렬한 운동이 필요하다는 사실을 어느 책에선가 읽은 적이 있습니다. 내가 겪는 고통은 일시적인 것입니다. 나는 고통을 이길 수 있습니다. 내가 만약 운동량을 줄인다면, 지금껏 운동해 온 것을 모두 잃게 될 것이며, 나의 건강도 더 나빠질 것입니다."

마이크는 확증의 편향성에 시달리고 있다. 그는 듣고 싶지 않은 정보를 무시하며 선입견을 지지하는 정보만을 중요시하고 있다.

합리적 의사결정 과정은 우리가 객관적으로 정보를 수집할 수 있다고 가정한다. 그러나 우리는 그렇게 하지 못한다. 앞에서 말했듯이, 우리는 선택적으로 정보를 수집한다. 확증의 편향성은 선택적 지각의 구체적인 사례다. 우리는 과거의 선택을 재확인해 줄 정보를 주로 찾으며 과거의 판단과 반대되는 정보의 가치를 감소시키려 한다.[1] 우리는 또한 우리가 가진 선입견에 도전하는 정보에는 비판적이고 의심의 눈길을 주면서, 선입견을 확인시켜 주는 정보는 가치를 인정하고 받아들인다. 그러므로 우리가 수집하는 정보는 일반적으로 이미 지지하는 견해를 향해 편향되어 있다. 확증의 편향성은 우리가 어느 곳에서 정보를 수집하는가에도 영향을 준다. 우리는 우리가 듣고 싶은 말을 해 줄 가능성이 높은 장소를 찾는 경향이 있기 때문이다. 또한 우리가 찬성하는 정보에는 많은 무게를 두고 반대하는 정보에는 작은 무게를 두노록 한다.

왜 우리는 현재의 믿음을 지지하는 증거들을 찾으며 반대하는 증거는 배척하게 될까? 일관성이 그 하나의 대답이다.[2] 앞에서 말했듯이, 합리적 의사결정은 일관된 지각을 필요로 한다. 그리고 우리는 일관된 과정을 유지하고 그 과정이 잘못되었다는 것을 의미하는 정보를 무시함으로써 일관성

확증의 편향성은 우리가 어느 곳에서 정보를 수집하는가에도 영향을 준다. 우리는 우리가 듣고 싶은 말을 해 줄 가능성이 높은 장소를 찾는 경향이 있기 때문이다.

을 증대시킬 수 있다. 또 하나의 설명은, 기대를 확증시켜 주는 증거들은 보상으로 작용하여 보다 강화된다는 것이다. 우리는 우리가 좋아하지 않는 것보다 좋아하는 것들을 더 많이 하는 경향이 있다. 우리가 가진 기대를 확증해 주지 않는 증거들은 우리가 스스로 생각하는 것보다 똑똑하지 않다는 것을 의미하는 반면에, 기대를 확증해 주는 증거들은 우리가 바른 길을 가고 있다고 말해 줌으로써 우리에게 보상을 준다.[3] 세 번째 설명은, 확증의 편향성이 갈등과 복잡성을 감소시킨다는 것이다. 만약 우리가 머릿속에서 만들어 낸 안락하고 일관성 있으며, 복잡하지 않은 명쾌한 세계에 노출되는 것을 최소화할 수 있다면, 우리의 인생과 의사결정은 보다 단순해질 것이다.[4]

우리는 일련의 의사결정에서 확증의 편향성을 본다. 예를 들어, 우리가 데이트를 해 온 몇 년간을 보면, 우리의 관계는 둘 중 누군가가 서로에게 어울리지 않는다는 것을 의미하는 여러 정보들을 무시해 왔

기 때문에 형성되었다. 우리가 현재의 직업에 머무를 때 우리의 재능이 충분히 발휘되지 못한다거나 새로운 직업을 얻을 기회를 놓친다거나 하는 생각이 들 때마다, 확증의 편향성은 새로운 직업 선택과 관련된 의사결정을 흐리게 했다. 현재 직업의 장점에만 초점을 두었기 때문이다. 더불어 확증의 편향성은 우리의 현재 투자 전략이 잘못되었음을 말해 주는 정보를 무시할 때마다 우리의 투자 결정 전략을 더욱 오염시켰다.

불행하게도, 확증의 편향성을 극복하기가 어렵다는 것을 보여 주는 여러 가지 증거들이 있다.[5] 이를 극복하기 위해서는 적극적으로 반대되는 또는 부당성을 입증하는 증거들을 찾는 등의 해법을 강구해야 하는데, 사람들이 실제로 이를 행하기란 매우 어렵다. 사람들에게 미리 반대되는 정보의 가치를 중요시하라고 지시한 경우에서조차 반대 정보가 판단에 미치는 효과는 그다지 크지 않았다. 그러면 우리는 무엇을 할 수 있는가? 내가 줄 수 있는 최선의 충고는 당신의 동기에 대해 정직해지는 것으로부터 출발하라는 것이다.[6] 당신은 세련된 의사결정을 하기 위해 진지하게 정보를 수집하고 있는가, 아니면 그저 당신이 원하는 것을 확인시켜 줄 정보를 찾고 있는가? 만약 진지하게 정보를 찾고자 한다면, 당신은 의도적으로 불확증하는 반대 정보를 찾을 필요가 있다. 이 말은 당신이 듣고 싶지 않은 말을 경청할 준비가 되어 있어야 한다는 뜻이다. 또한 습관으로 굳어질 때까지 의심하는 것을 계속 연습할 필요가 있다. 당신이 선호하는 믿음에 계속 도전하도록 스스로를 훈련해야 한다. 원고의 주장을 반박할 반대 증거를 찾는 피고의 변호사와 같은 방법으로, 당신의 믿음이 잘못되었을지도 모른다는 사실을 항상 염두에 두고, 그 이유를 생각하고 거기에 맞는 증거들을 적극적으로 찾아야 한다.

의사결정 Tip

- 회의론자가 되라.
- 당신의 믿음에 부합하지 않는 정보들을 적극적으로 찾아라.
- 당신의 믿음이 잘못되었을지도 모른다는 사실을 항상 염두에 두고, 그 이유를 생각하고 거기에 맞는 증거들을 적극적으로 찾아라.

chapter 19

잔의 반이 비었는가, 아니면 반이 차 있는가

틀의 편향성

> 첫 번째 심판 : "어떤 공은 볼이고 어떤 공은 스트라이크다.
> 나는 그 공이 무엇이었는가에 따라 판정한다."
> 두 번째 심판 : "어떤 공은 볼이고 어떤 공은 스트라이크다.
> 나는 그 공이 내게 어떻게 보였는가에 따라 판정한다."
> 세 번째 심판 : "어떤 공은 볼이고 어떤 공은 스트라이크다.
> 그러나 내가 판정하기 전까지 그 공은 아무것도 아니다."
> —H. 캔틸 H. Cantril

다음 이야기는 틀frame과 의사결정 사이의 관계를 보여 준다. 두 명의 신부가 있었다.[1] 그들은 골초였고 흡연 습관 때문에 기도할 때 약간의 문제를 가지고 있었다. 첫 번째 신부가 주교에게 물었다. "주님께 기도할 때 담배를 피워도 됩니까?" 주교는 "안 됩니다"라고 대답했다. 두 번째 신부도 주교에게 같은 질문을 했지만 질문의 내용이 조금 달랐다. "담배를 피울 때와 같이 나약한 순간에도 주님께 기도해도 됩니까?" 주교는 두 번째 신부에게 "물론 해도 됩니다"라고 대답했다. 두 가지 질문은 어순만 바뀐 것이었지만, 주교의 결정을 바꿨다는 점에 주목하라.

틀은 의미를 해석하기 위해 우리가 만들어 낸 정신적 구조*다.[2]

우리는 언어로 의사소통을 하기 때문에 말이 틀을 결정한다. 말을 바꾸게 되면, 우리는 보고 이해하는 방식을 바꾸게 된다. 틀의 의미를 생각할 때, 사진작가들이 하는 것을 보면 도움이 된다. 눈에 보이는 세계는 방대하고 모호하다. 사진작가들이 구도(또는 틀)를 잡는 것은 카메라로 찍을 목표(대상)를 정하고 특정한 장면에 초점을 맞추는 것이다. 그들은 가장 적절하다고 믿는 것에 초점을 둔다. 우리는 의사결정자로서 문제를 규정(구조화)하고, 선택 대안들을 살피고, 가능성을 평가할 때 이와 같은 행동을 한다. 예를 들어, 우리는 문제를 규정할 때 이것이 어떻게 해결될 것이라는 것을 장기적인 관점에서 본다. 한 가지 사례를 들면, 내 친구 중 한 명이 일년 가까이 실직 상태에 있었다. 그 친구는 자신의 문제를 '취업 기회의 부족'이라고 주장했다. 나는 그 말을 듣고 그 친구는 자신이 무엇을 원하는지 모르고 있으며 문제는 '목표의 결여'라고 생각했다. 친구는 일자리 목록을 찾아 다양한 직종에 수백 통의 이력서를 보내는 것으로 소일하고 있었다. 나는 그의 문제가 목표의 결여라고 생각했기 때문에, 내가 만약 그 친구와 같은 입장이었다면 내 능력과 기술을 평가하고 내가 원하

----

* 'frame' 또는 'framing effect'는 틀 또는 틀 효과, 관점, 해석의 틀, 구도(構圖) 등 다양한 번역어로 소개되고 있다. 이 책에서는 frame을 상황의 의미를 해석하기 위한 정신적 구조로 정의하고 있는데, 어느 번역어도 이 정의를 함축해 내지 못하고 있다. 이 책의 저자가 frame을 주로 사진 찍는데 비유하고 있어 구도라는 번역어가 적절한 듯하지만, 국내에서 가장 많이 이용되는 번역어가 '틀'이어서 옮긴이도 이에 따르기로 했다.

는 것을 찾고자 노력했을 것이다. 여기서 말하고자 하는 것은 우리 둘 중 누가 옳은가 하는 것이 아니라, 우리의 행동은 우리가 선택한 틀(또는 구도)에 따라 달라질 것이라는 점이다.

틀은 어떠한 상황에서 어떤 측면이 나타나고 또 어떤 측면이 잘려나가는지를 결정한다. 그리고 사진과 같이 틀이 가진 단점은 맹점이 있다는 것이다. 틀은 그 경계 범위에 따라 어떤 것들을 잘라내야 한다. 또한 틀은 우리가 보는 것을 왜곡시킬 수 있으며 부정확한 판단 기준*을 만들어 낼 수 있다. 어떤 상황의 특정한 양상에 주의를 기울이고 이를 집중적으로 조명하면 다른 양상들은 보이지 않게 되거나 무시하게 된다. 틀은 우리를 미혹시킬 수 있다.

성형외과 의사들과 우리가 같은 사람의 얼굴을 볼 경우 성형외과 의사들이 비뚤어진 코를 더 잘 알아차린다.

왜 틀은 같은 문제를 다르게 보이게 할까? 우리가 가진 틀이 우리의 경험과 훈련, 문화에 기초하고 있기 때문이다.[3] 성형외과 의사들과 우리가 같은 사람의 얼굴을 볼 경우 성형외과 의사들이 비뚤어진 코를 더 잘 알아차린다. 공학도와 예술가로 훈련받은 사람들은 세상을 서로 다르게 본다. 이와 마찬가지로 서로 다른 문화는 젊은 시절부터 서로 다른 가치의 틀을 가르친다.[4] 영국에서는 민주주의의 가치를 가르

---

* 판단 기준reference point은 국내 학계에서는 준거점으로 번역하는 경우가 더 많다. 여기서는 의미 전달에 중점을 두어 판단 기준이라는 번역어를 택했다.

치지만 쿠바에서는 사회주의의 우월성을 가르친다. 미국에서는 딘호함을 가치 있게 여기지만 스웨덴에서는 그렇지 않다. 이러한 가치들이 우리가 주목하는 것과 무시하는 것들을 규정한다.

틀에 관한 대표적인 연구 결과 중 하나는 사람들이 지각된 손실과 지각된 이득을 상당히 다르게 인식하고 있다는 것이다.[5] 손실을 피하려는 틀을 가진 의사결정에서는 모험risk을 감수하려 하고, 틀을 이익 쪽으로 맞추었을 때는 모험을 피하려고 한다. 또한 손실에 대한 반응은 이득에 대한 반응보다 더욱 극단적이 된다. 금전적 손해와 관련된 고통은 일반적으로 같은 금액의 금전적 이득과 관련된 즐거움보다 더욱 크게 느껴진다. 예를 들어, 1천 달러를 잃는 것은 1천 달러를 얻었을 때 느끼는 행복보다 두 배나 더 비참하게 만든다. 손실 회피 성향은 아내가 왜 주식투자를 기피하는지 설명해 준다. 아내는 자신이 산 주식 가격이 떨어질 가능성만 강박적으로 본다.

이러한 모험 수용 성향의 차이는 우리가 예상하는 잠재적 결과가 우리의 행동에 많은 영향을 준다는 것을 의미한다. 예를 들면, 암 치료의 결과를 제시하는 방식에 따라 사람들의 반응이 어떻게 달라지는가를 살펴보자.[6] '외과 수술 후 68%의 환자들이 1년 이상 생존했다'라는 설명을 들은 폐암 환자들은 '외과 수술 후 32%의 환자들이 1년 이내에 사망했다'라는 설명을 들은 환자들보다 더 많이 수술을 받기로 했다. 잠재적 손실 가능성이 있는 의사결정을 해야 할 경우 우리는 손실을 피하기 위해 모험을 더 많이 수용하려고 한다.[*] 이러한 사실은 왜 우리 중 많은 이들이 손실을 보고 있을 때 주식을 팔 수 없는가를 설명해 준다. 우리는 포기하고 다른 주식에 투자했을 때의 이익보다는 주식을 팔 경우의 손실에 초점을 두고 있는 것이다. 1990년대 말 닷컴 붐이 일던 시절, 많은 투자자들은 이미 90% 이상 하락한 인터넷 관련 주식이 다시 오를 것이라고 믿었다. "나는 펫츠닷컴$^{Pets.com}$을 11달러에 샀어. 지금은 2달러지만 다시 오를 거야." 그러나 펫츠닷컴은 2000년 11월 청산 당시 19센트까지 떨어졌다.

틀이 사람들의 반응 방식에 심각한 영향을 주는 문제에 대한 사례는 많다. 일례로, 물건을 구매하는 것은 "지출이라기보다는 투자다"라는 틀을 고객에게 심어 주었다면, 그들에게 집이나 예술품, 클래식 자동차와 같은 값비싼 품목을 판매할 가능성은 높아질 것이다. 더불어 미국의 총기 통제 정책은 '총기를 통제하는 것은 수정헌법 제2조의 자유와 관련이 있는 현안'이라는 전미총기협회^{NRA}의 주장에 많은 영향을 받아 왔다. 전미총기협회는 총기를 통제하는 것은 시민이 총포류를 소유할 수 있는 권리를 박탈하는 것이라는 여론을 조장하는 데 성공해 왔다.

당신에게 주는 조언은 첫 번째, 당신이 사용하는 틀을 인식하라는

----

* 손실 상황에서 더 모험적이 된다는 의미는 다음과 같다. 100%의 확률로 1백만 원을 잃는 것과 10%의 확률로 1천만 원을 잃는 것의 기대 가치$^{expected\ value}$는 동일하다. 주식이 하락하는 상황은 이미 손해를 본 상황이다. 이때 주식을 팔 경우 100% 확실한 손해다. 팔지 않는 것은 손해를 더 입을 수도 있고 덜 입을 수도 있다. 즉 확률적이다. 사람들은 확률적 또는 모험적인 이득(1천만 원, 10%)보다 확실한 이득(1백만 원, 100%)을 선호하는 반면에, 확률적 또는 모험적 손해(마이너스 1천만 원, 10%)보다는 확실한 손해(마이너스 1백만 원, 100%)를 더 기피하는 경향이 있다. 따라서 틀이 이득 쪽이면 확실한 이익을 추구하고 모험은 피하려 하지만 틀이 손실 쪽이면 확실한 손해는 피하려 하고, 오히려 잘못되면 더 큰 손해를 입을지도 모르는 모험적인 선택을 할 가능성이 높다.

것이다. 무엇이 강조되고 있는가? 취약점은 무엇인가? 두 번째, 틀을 문제에 적합하도록 세우라는 것이다. 많은 사람들은 감정적으로 어떤 틀에 집착해 이를 모든 문제에 적용하려는 경향이 있다. 다른 사람을 믿는 것이 대부분의 경우에는 적절하지만, 그러한 틀 때문에 형편없는 의사결정을 하게 되는 경우도 있다. 세 번째는, 다른 방식으로 틀을 재설정해 보고 그럴 경우 결정이 달라지는가를 관찰해 보라는 것이다. 예를 들면, 내가 아는 사람 중 수십 년 동안 고등학교에서 학생들을 가르친 선생님이 있는데, 그는 모든 학생들을 게으르고 책임감 없다고 생각했다. 그가 우수 학생반을 맡게 되자 이러한 사고의 틀에 변화가 일어났다. 그는 새로운 학생들이 호기심 많고 야심적이라는 새로운 틀을 설정해 더욱 좋은 결과를 내놓게 되었다. 마지막으로, 당신의 틀이 잘못될 수 있음을 끊임없이 입증하려고 노력하라. 사회사업가로 일하는 내 친구는 회사 조직은 심리적 감옥이라고 확신했다. 그녀는 회사 내에 존재하는, 선택을 제한하는 직무기술서, 부서, 규칙과 규제가 구성원들을 속박하고 있다고 굳게 믿었다. 그녀가 가지고 있는 이러한 틀의 결점을 제시하자 그녀의 의견이 조금씩 변화되었다. 그 후 그녀는 '회사 조직이 개인과 집단 상호간의 공동 목표를 달성하기 위한 협력적인 체제'라는 하나의 강력한 사례를 만들어 가고 있다.

의사결정 Tip

- 당신이 사용하는 틀을 인식하라.
- 틀이 문제에 적합하게 하라.
- 다른 방식으로 틀을 재설정해 보라.
- 당신의 틀이 잘못될 수 있음을 끊임없이 입증하려고 노력하라.

chapter 20

최근에 당신이 나를 위해 한 일은 무엇인가

기억용이성 편향성

나는 그것이 당연히 그렇게 되어야 했다고 생각한다.
— T. 카포트 T. Capote

2013년 5월 미국의 모든 신문과 TV 네트워크의 머리기사는 실종된 지 10년 만에 발견된 클리블랜드 주의 세 명의 젊은 여성에 대한 내용으로 가득했다.[1] 세 명의 소녀들은 낯선 사람에게 유괴되어 억류되어 있었다. 10년 동안의 미스터리가 이렇게 행복한 결과로 이어진 직후, 언론사들은 온 나라의 실종 아동에 대한 이야기를 방송하기 시작했다. 언론이 낯선 사람에 의한 자녀의 유괴에 대해 부모들이 가진 대중적 공포를 이용했다exploiting는 것은 분명하다.

나는 여기서 '이용했다'라는 단어를 사용했다. 자신의 아이가 낯선 사람에게 유괴될 수도 있다는 부모들의 공포는 사실과 다르다는 것이 진실이기 때문이다. 많은 부모들은 이러한 유괴가 증가하고 있다고 믿게 되었다. 여기서 나는 두 가지 사실관계를 설명하고자 한다.[2] 첫째, 대부분의 아동 실종 사건은 낯선 사람에 의해 이루어지지 않는다. 대부분의 아동 실종은 가출에 의한 실종, 한쪽 부모가 데려가거나 소통의 오류 때문이다. 실제로 모든 아동 실종 사건 중 단지 1%만이 낯선 사람에 의한 것이다. 둘째, 아동 실종 사건 수는 1997년에서 2011년 사이에 31%가 실질적으로 감소했다. 언론의 과대선전과는 반대로 문제의 확산은 없었다. 미국에서 낯선 사람에 의한 아동 유괴는 실제 연간 약 100건 정도 일어난다. 슬픈 사실인 것은 분명하지만 급속한 유행이라고 하기에는 거리가 있다. 열네 살 이하 아동은 낯선 사람의 유괴보다 자전거 사고로 사망할 확률이 더 높다. 한 가지 사실을 덧붙인다면, 언론사 간의 경쟁이 선정주의를 부추기고 있다. 신문, 네트워크 뉴스, 케이블 방송, CNN, 블로그, 트위터, 그리고 셀 수 없이 많은 언론 매체들이 사람들의 관심을 얻기 위해 싸우고 있다. 유괴에 대한 공포는 주의를 끌 수 있는 주제이며, 그 주제 자체가 선정적이기 때문이다.

그렇다면 오늘날 왜 부모들은 10년 또는 20년 전보다 더 공포에 빠지게 되는 것일까? 부모들이 기억용이성 편향성에 빠졌기 때문이다. 기억용이성^{availability}* 편향성은 우리의 기억에서 가장 이용(회상) 가능성이 높은 사건을 기억하는 경향을 말한다. 이것은 한쪽으로 치우치지

---

* availability는 가용성(可用性)이라고 더 자주 번역된다. 여기서 '가용하다'는 것은 우리의 기억에서 이용 가능성 또는 떠올려질 가능성이 높다는 의미다. 옮긴이는 기억용이성이라는 번역어를 사용했는데, 이 번역어 또한 약간의 오해의 소지가 있다. 여기서 기억용이성은 기억할 내용을 기억하기가 쉽다는 뜻이 아니라 기억된 재료를 떠올리기가 쉬운 정도를 말한다.

않는 방식으로 사긴을 회상하는 능력을 저히시키며, 판단과 확률 추산을 왜곡한다.[3] 실종 아동의 사례에서 보듯이, 이러한 주제에 집중된 언론의 집중 포화는 사건이 일어날 실제 가능성을 왜곡시킨다.

제3장 '합리적이기 힘든 이유'에서 말한 바대로, 이런 현상에 대한 가장 명백한 실례 중 하나는 비행공포증과 관련이 있다. 민간 항공기로 비행하는 것이 가장 안전한 수송 수단이라는 객관적인 증거가 일관성 있게 보고되고 있다. 비행기보다는 자동차 사고로 사망할 확률이 훨씬 더 높다. 비행기에서 사망할 확률은 1,100만분 1인데 비해, 자동차 충돌로 사망할 확률은 5,000분의 1이다. 그러나 많은 사람들은 이런 수치를 잘 믿지 않으며 쉽게 받아들이지 못한다. 왜 그럴까? 비행기가 추락하고 사람들이 사망하면, 그것은 헤드라인 뉴스가 되기 때문이다. 항공 사고에 대한 보도와 사진들은 우리의 정서에 강한 인상을 주며, 우리의 기억에 영원히 남아있게 된다. 매일 수십 명의 사람들이 자동차 사고로 죽는다. 그러나 이들 중 한 사람이 친구 혹은 친척이거나, 그 사고가 어떤 이유로 놀라운 일(예를 들어, 50대의 차량이 연쇄 충돌하여 10명 사망)이 되지 않는 한, 이런 사고는 우리의 행동이나 미래의 결정에 영향을 미치지 않는다. 지진과 토네이도, 상어의 공격, 테러리스트의 공격, 이와 유사한 엄청난 사건에 대한 과도한 언론 보도는 사람들의 기억 속에 강하게 남게 되며, 그 결과 우리는 이런 사건들이 실제보다 좀 더 빈번하게 발생한다고 생각하는 경향이 있다.

이러한 편향성을 이해하는 열쇠는 당신이 경험의 산물이라는 것을 깨닫는 것이다. 우리가 직접 보고 읽고 경험해 본 것이 위험과 확률에 대한 지각을 형성한다. 당신의 경험이 편향되는 만큼 위험과 확률에 대한 지각은 더 부정확해질 것이다.

이러한 편향성이 의사결정에 어떤 의미를 가지는가? 우리들 대부분은 균형 잡힌 경

지진과 토네이도, 상어의 공격, 테러리스트의 공격, 이와 유사한 엄청난 사건에 대한 과도한 언론 보도는 사람들의 기억 속에 강하게 남게 되며, 그 결과 우리는 이런 사건들이 실제보다 좀 더 빈번하게 발생한다고 생각하는 경향이 있다.

험을 갖고 있지 않기 때문에 위험과 확률을 왜곡시킨다. 우리는 그다지 위험하지 않은 위험은 피하고, 무시하면 안 될 위험은 무시한다. 그리하여 결국 여행과 보험, 운동 등 아주 다양한 상황에서 형편없는 결정을 하게 된다. 우리는 테러리스트나 유괴범의 희생자가 될 수 있다는 근거 없는 두려움 때문에 이국적이며 흥미 있는 곳으로의 휴가를 피하게 된다. 로스앤젤레스와 시애틀에 사는 사람들은 거대한 지진을 겪은 후, 사실상 머지않은 장래에 또 다른 거대한 지진이 발생할 위험이 감소했음에도 불구하고 지진 직후 달려가 지진 보험에 가입했다. 많은 사람들은 유명한 육상 지도자 짐 픽스가 쉰두 살에 사망했던 사건을 짚으면서 그런 운동이 위험하다는 결론을 내렸다.

기민한 사업가들은 기억용이성 편향성을 자신에게 유리하게 전환하는 방법을 배웠다. 보험 판매원들은 발생 확률이 매우 낮은 사건들을 과대 평가하는 경향이 있다는 사실을 간파하여 지진과 토네이도, 화재, 홍수 보험과 같은 가장 이익이 많은 상품을 개발했다. '가까이 있지 않으면 마음이 멀어진다'는 것을 알고 있는 경영자들은 상품과 서비스를 생생하게 기억하도록 광고하는 데 많은 비용을 지불한다. 영

화제작자들은 이러한 편향성의 힘을 이해하고 있다. 이들이 가장 좋은 영화를 연말에 상영하는 것도 그 이유다.* 아카데미상을 수상하려는 소망을 가진 제작자들은 투표권을 가진 사람들이 10개월 혹은 11개월 전에 본 것보다 지난달에 본 영화를 기억할 가능성이 더 크다는 것을 알고 있다. 사회운동가들도 이러한 편향성을 이용하고 있다. 예를 들어, 반핵 지지자들은 2011년에 일어났던 일본 후쿠시마 핵발전소의 3개 원자로 멜트다운 사건을 반핵시위와 원자력 발전소 폐기 운동에 이용하고 있다.

기억용이성 편향성은 극복하기 힘들다. 그럼에도 불구하고, 나는 몇 가지 제안을 하고자 한다. 첫 번째, 결정하기 전에 당신의 기억 속에 남아 있는 정보에 지나치게 의존하지 말라는 것이다. 중요한 결정을 할 경우, 기억에 의한 정보보다는 객관적인 연구 자료를 사용하라. 한 예로, 많은 기업체 사장들은 연말 직원 평가에서 직원들이 가장 최근에 한 일에 대해 훨씬 더 많은 가중치를 부여하는 경향이 있다는 것을 알고 있다. 그런 경향을 상쇄하기 위해 이들은 직원들의 지속적인 업무 수행에 대한 일지를 보관하고 있으며, 그것을 정기적으로 업데

---

* 아카데미상은 전년도 1월 1일에서 12월 31일 사이에 LA지역에서 일주일 이상 유료 상영된 영화를 대상으로 1월에 심사 대상작품 리스트가 작성되고, 2월초에 각 부문의 후보작이 발표되며, 3월에 투표와 함께 시상식이 열린다. 아카데미 수상작은 가장 최근(전년도 11, 12월)에 개봉된 영화일 가능성이 매우 높다. 국내에서도 개봉된 바 있는 〈라이언 일병구하기Saving Private Ryan〉 같은 영화는 미국에서 연초에 개봉했다가 도중에 상영을 중단하고 연말에 재개봉 한 적이 있다. 이는 전적으로 아카데미상 수상을 목적으로 심사위원의 기억용이성을 증가시키기 위함이었다.

이트한다. 그러면 업무 수행 평가를 하기 전에 이 기록을 참고할 수 있다. 두 번째는 당신의 자료에 의문을 제기하라는 것이다. 다음 질문에 스스로 답해 보라. 나는 기억에서 쉽게 이용할 수 있는 정보나 최근의 혹은 생생한 정보에 지나치게 영향을 받는가? 마지막으로, 장기적인 접근 방법은 당신의 경험을 확장시키는 것이다. 좀 더 많이 읽어 보라. 좀 더 많은 여행을 하라. 다양한 사람들과 문화에 대해 좀 더 많은 것을 배우라. 경험의 폭이 넓으면 넓을수록 모험과 확률에 대한 지각은 그만큼 더 정확해질 것이다.

의사결정 Tip

- 당신의 기억에 지나치게 의존하지 말라.
- 기억에서 쉽게 이용할 수 있는 정보나 최근의 혹은 생생한 정보에 지나치게 영향을 받는지 자문해 보라.
- 당신의 경험을 확장시켜라.

chapter 21

외관은 현혹시킬 수 있다

대표성에 의한 편향성

나를 그저 한 사람의 회원으로 생각하는 클럽에는 가입하고 싶지 않다.
—G. 마르크스G. Marx

몇 년 전에 있었던 어떤 조사 결과, 13~18세 사이의 미국 전체 흑인 소년 중 66%가 자신이 프로 스포츠에 참여하여 생계를 꾸려갈 수 있다고 생각하는 것으로 나타났다.[1] 실제 고교 운동선수들이 프로 스포츠 선수가 될 확률은 약 1만분의 1이다. 이 소년들의 판단은 어떻게 그렇게 빗나갈 수 있었을까?

그에 대한 해답은 바로 이 소년들이 대표성에 의한 편향성에 시달리고 있다는 것이다. 이들은 어떤 사건이 다른 어떤 사건이나 일련의 사건들과 얼마나 유사한가를 기초로 하여 그 사건의 확률을 평가하고 있다.[2] 언론과 광고주들은 나이 어린 흑인 소년들에게 바로 그들처럼 미국 흑인 지역에서 성장하여 현재 NBA 혹은 NFL, 메이저리그 선수로 수천만 달러를 벌고 있는 젊은이들에 대한 이야기를 퍼붓고 있다. 그래서 이들은 자신들이 직업 운동선수가 될 수 있다고 생각하기 시작한다. 이들은 존재하지도 않는 동일한 상황을 보고 비슷한 그림을 그리고 있는 것이다.

우리 모두 대표성에 의한 편향성에 현혹될 수 있다. 예를 들면, 당신은 카지노에서 도박을 해 본 적이 있는가? 만일 슬롯머신이나 룰렛, 블랙잭을 해 봤다면, 그 패턴을 믿는가? 나도 해 봤다. 그리고 좀 더 잘 알아야 했다. 나는 슬롯머신에 아무것도 걸려 나오지 않아도 그것이 '당연하다'고 생각한다. 그리고 나는 블랙잭 딜러가 '계속 잃고 있는 중'이라는 것을 알게 되면, 대개는 좀 더 공격적인 베팅을 했다. 게임은 모두 항상 카지노에 유리한 확률을 갖고 있는 무작위random 결과라는 사실을 좀 더 잘 알고 있어야 했다. 기회는 스스로 수정되지 않는다. 과거에 발생했던 것은 미래에 발생할 것에 어떤 영향도 미치지 않는다.[3] 그러나 우리 대부분은 확률이 결국 평균으로 가게 될 것이라고 기대한다.* 먼저 여섯 번 검은 쪽으로 떨어졌다고 해서 룰렛의 공이 빨간색으로 떨어질 확률이 좀 더 높다고 생각하는 것은 잘못된 것이라는 증거가 있지만 사람들은 계속 그렇게 믿는다. 비록 장기적으

---

* 주사위 게임에서 이번에 어떤 숫자가 나올지는 지난번 시행에서 어떤 숫자가 나왔느냐와 아무 관련이 없다. 라스베이거스 관찰 연구에 따르면 주사위 게임에서 지난 판에 '1'이 나왔을 경우, 이번 판에 '1'에 거는 사람들의 숫자가 현저하게 줄어드는 것으로 나타났다. 이번 판에도 '1'이 나올 확률이 여전히 '1/6'인데도 불구하고 말이다. 주사위의 확률은 무한히 계속했을 때 각 숫자가 나타날 확률이 '1/6'이라는 것이지 단기간에 6개의 숫자가 동등한 확률로 나타난다는 것은 아니다. 이전에 어떤 숫자가 나왔다고 해서 그 숫자가 앞으로 덜 나타남으로써 '1/6'의 확률이 단기간에 맞춰지는 것은 결코 아니다.

보는 동선의 앞면과 뒷면이 대략 동일한 횟수로 나타나겠지만, 단기적으로는 어느 한쪽만 연속적으로 5, 7, 10회 나타날 확률은 흔하다.

수백만 명의 사람들이 대표성에 의한 편향을 이해하지 못했기 때문에 많은 투자액을 잃었다. 이들은 자신의 돈을 상호기금에 투자했다. 그것 자체는 나쁜 결정이 아니다. 이들이 어려움을 겪는 것은 상호기금을 선택하는 데 있다. 많은 사람들은 이전 연도에 최고 성과를 올린 기금을 선택하는 실수를 범했다. 이들의 논리는 무엇인가? 지난해의 승자는 앞으로도 계속해서 이길 것이다. 불행히도 많은 투자자들의 경우 그런 논리는 실패했다. 단일한 상호기금의 실적은 시간이 경과하면서 모든 상호기금의 평균치로 되돌아가는 경향이 있다. 예외적인 실적에는 좀 더 보편적인 실적이 뒤따르는 경향이 있다. 그러므로 지난해 최고의 실적을 기록한 기금은 올해 상호기금의 평균치에 좀 더 가까운 실적을 기록할 가능성이 높다. 그리고 지난해 최악의 실적을 기록한 기금은 평균치로 이동함으로써 올해에는 실적을 향상시킬 것이다. 개별 주식의 경우, 몇몇 투자 전문가들은 이런 패턴을 이용해 시장 평균을 능가하는 수익을 올리라고 권하고 있다.[4] '다우의 개들'이라는 투자 전략을 지지하는 사람들은 다우존스 지수 30개 기업 중 매년 초 배당금이 최고로 떨어진 10개 회사 주식을 매수하고, 전년도의 주식을 매도하라고 제안한다. 그들의 논리는 높은 배당 하락이란 일반적으로 기업 주가가 최근에 떨어진 것을 반영한다는 것이다. 몇 년에 걸쳐 이런 전략은 대체로 적중했다. 극단의 경우가 평균으로 되돌아가는 경향 때문에 이익을 가져오게 한 것이다.

평균으로 회귀하는 것은 스포츠에서 좀 더 쉽게 찾아볼 수 있다. 시즌 타율이 .220인 어떤 야구선수가 갑자기 한 게임에서 4타수 4안타를 친 경우, 그가 다음 게임에서도 똑같이 칠 것이라고 생각하는가? 아마 그렇지 않을 것이다. 당신은 그가 다음 게임에서 4타수 1안타를 칠 가능성이 훨씬 더 많다는 것을 무의식적으로 알고 있다. 비록 이 사실이 스포츠팬에게는 분명한 것 같지만 투자자들은 언제나 그런 분명한 사실을 보지 못한다. 적절한 예를 들면, 수천만 명의 사람들은 1990년대 후반에 기술 관련 주식의 성장 가능성을 과대 평가했다. 이들은 나스닥 주식시장이 이후 10년 동안 1년에 평균 16%씩 성장할 것이라는 터무니없는 '사실'을 믿었던 것이다. 이러한 결론은 평균으로의 회귀를 무시한 것이다.

기회는 스스로 수정되지 않는다. 과거에 발생했던 것은 미래에 발생할 것에 어떤 영향도 미치지 않는다. 그러나 우리 대부분은 확률이 결국 평균에 이를 것이라고 기대한다.

평균으로의 회귀는 두 가지 방식으로 의사결정을 왜곡시킨다.[5] 첫째, 사람들은 반드시 발생하게 되어 있는 많은 상황에서 회귀를 예상하지 않는다. 둘째, 이들은 그런 사실을 인식하고 있을 때조차 대개 독창적인 설명을 찾아 내는 데 매우 숙달되어 있다. 따라서 우리는 2006년 버블이 붕괴되기 직전 하늘을 찌르던 주택 가격을 정당화하기 위해 행운과 불운의 '연속성'에 대한 믿음을 가졌고, "이번에는 달라" 혹은 "주택 가격은 결코 하락하지 않아"와 같이 설명했다.

대표성에 의한 편향성을 보여 주는 또 다른 예는 표본의 크기와 관련이 있다. 예를 들면, 이 두 가지 설명의 차이에 대해 알아보자. '5명의 분석가 중 3명은 투자자들이 자신의 포트폴리오 중 적어도 80%를 주식에 투자하라고 권장한다.' 그리고 '2천 명의 분석가를 대상으로 한 조사에서는 1천2백 명이 투자자의 포트폴리오 중 적어도 80%가 주식에 있어야 한다고 권장하고 있다.' 비록 표면적으로는 이들 두 가지 설명이 비슷한 것 같지만 그렇지 않다. 첫 번째 설명은 '5명 중에 3명'이 조사대상자의 60%를 의미하는지, 아니면 단지 5명의 분석가들이 조사대상자였다는 것을 의미하는지에 대한 설명이 없다. 그리고 만일 그것이 60%였다면, 전체 조사대상자의 크기는 얼마인가? 두 번째 설명은 2천 명의 분석가들이 조사대상자였다는 사실을 알려주고 있다.

작은 표본 크기가 왜곡된 결과를 제공할 수 있다는 사실을 명심하라. 이는 동전을 다섯 번 던져서 앞면이 다섯 번 나오는 것과 같다. 이런 결과는 표본 크기가 작은 경우 흔한 일이다. 그러나 동전을 1천 번 던져서 매번 앞면이 나온다면, 당신은 그것이 진짜 동전이 아니라고 말해도 될 것이다. 이 말은 작은 표본 크기를 기초로 한 정보를 이용해 의사결정을 할 때는 조심하라는 것이다. 그것은 판단을 편향시킬 수 있다.

위에서 설명한 사례들을 기초로 하여, 대표성에 의한 편향성에 대처할 수 있는 방법을 제안한다. 첫째, 동일하지 않은 상황을 비교하는 데 신중하라. 단지 최근에 당신과 데이트했던 사람이 예술가였으며, 그 사람이 책임감 없고 경솔했다고 해서 새로 만난 사람이 유사한 성격을 갖고 있을 가능성은 높지 않다. 둘째, 평균으로의 회귀를 예상하라. 극단적인 실적은 평균치의 실적으로 이어지는 경향이 있다. 마지막으로 작은 표본 크기는 결과를 왜곡시킬 수 있다는 점을 이해하라.

예를 들면, 임의의 평론가 4명의 추천으로 책을 사러 가지 말 것이며, 고객 2명의 긍정적인 언급을 기초로 하여 건축업자를 고르지 말라는 것이다.

의사결정 Tip

- 동일하지 않은 상황을 비교하는 데 신중하라.
- 극단적인 실적 후에는 평균 실적으로 이어지는 경향이 있다.
- 작은 표본 크기는 결과를 왜곡시킬 수 있다.

chapter 22

존재하지 않는 패턴 이해하기

무작위성에 대한 대처

우리는 행운을 믿어야 한다.
그렇지 않다면 좋아하지 않는 사람의 성공을 어떻게 설명할 수 있겠는가?
—E. 사티에E. Satie

주식시장은 150포인트 올라가고, 분석가들은 재빨리 우리에게 '낮은 인플레이션과 소비자들의 강한 확신'이 시장 상승을 주도하고 있다고 말한다. 다음날, 시장은 150포인트 떨어지고, 같은 분석가들이 '중동 지역의 불확실성과 심각한 부채 부담 때문에 소비자들이 소비를 줄여 나갈 것이라는 두려움이 증가했기 때문'이라고 말한다.

분석가들이 '시장이 무엇 때문에 그렇게 되었는가'에 대한 설명을 빠뜨리지 않고 반드시 하고 있다는 점이 놀랍지 않은가? 흥미로운 사실은, 시장이 내일 어떻게 될 것이라는 정확한 예측에 대해서는 그들이 이런 통찰력과 확신을 결코 보여 주지 않는다는 점이다.

초보자의 경우, 이들 분석가들이 말하는 것을 믿기 쉽다. 내가 몇 가지 조언을 하겠다. 이들 '전문가들'을 무시하라.' 그들의 사후 평가는 아무 쓸모가 없는 것이다. 그들의 분석은 금융 관련 뉴스 시간과 신문의 경제 관련 지면을 채우고, 이들 중 몇몇 분석가들은 연간 수백만 달러의 수입을 올리며, 더 나아가 많은 투자자들이 주식시장의 모든 움직임에는 논리와 근거가 있다고 믿게 한다. 그러나 여러분은 눈을 감고 귀를 막아라. 그렇게 하는 것이 아마 여러분의 돈을 절약하는 길이 될 것이다.

인간은 우연을 다루는 데 많은 어려움을 갖고 있다. 우리들 대부분은 우리가 세계와 운명을 어느 정도 통제한다고 믿고 싶어 한다(제7장 '누가 당신의 운명을 좌우하는가' 참조). 우리는 분명 사려 깊은 의사결정을 통해 다가올 미래를 상당 부분 통제할 수 있지만, 가혹한 진실은 세상에는 언제나 무작위의 사건이 있기 마련이라는 것이다. 당신은 이런 사실을 받아들일 수 있어야 하고, 사실상 정해진 패턴을 따르는 것과 우연히 발생하는 사건을 구별할 수 있어야 하며, 무작위성 자료에 인과적 의미를 부여하는 것을 피할 수 있어야 한다.

주가의 움직임으로 다시 돌아가 보자. 단기적인 주가 변화는 본질적으로 무작위에 의해 일어나는 사건임에도 불구하고, 많은 투자자들은 자신이 주가가 움직이는 방향을 예측할 수 있다고 생각한다. 예를 들면, 투자자들에게 주가 및 동향에 대한 정보가 수어졌을 때, 이들 중 약 65%는 자신이 변화하는 주가의 방향을 예측할 수 있다고 확신했다. 실제로 이들은 단지 49%만이 정확했으며, 이 확률은 그냥 찍어서 맞출 정도의 확률(반반의 확률)이다.[2]

무작위로 일어나는 사건에 의미를 부여하려 하면, 의사결정은 심각한 손상을 받게 된다. 한 예로 복권 구입을 들어보자. 한 복권 판매점에서 큰 당첨 금액이 나온 복권을 판매했고, 얼마 후 다시 당첨된 복권을 판매했다면 어떤 일이 발생할지 생각해 본 적이 있는가? 그 판매점은 그곳에서 복권을 사고 싶어 하는 구매자들로 북새통을 이루게 된다. '로이의 미니 마트에서 2월에 1천만 달러에 당첨된 복권을 팔았고, 6월에는 8천5백만 달러에 당첨된 복권을 팔았다. 내가 로이의 가게에서 복권을 구입한다면, 내가 당첨될 기회가 증가할 것'이라는 생각이다. 당첨 복권의 판매가 우연임에도 불구하고 많은 사람들은 여기에 어떤 패턴이 존재하며, 이런 패턴을 우리에게 유리하게 전환시킬 수 있다고 확신하는 것 같다.

우연히 발생한 사건을 '운명'을 이용해 설명하고자 한다면, 의사결정은 더욱 심각한 손상을 입게 된다. 우리는 우연이라는 경우를 쉽게 믿지 못하기 때문에 대부분 논리적인 설명을 찾게 된다. 모든 합리적인 설명으로도 이해가 되지 않으면, 우리는 숙명, 행운, 운명과 같은 단어를 통해 의미를 찾는다(제7장 통제 소재 테스트 참조).[3] 슬프게도 다발성경화증 또는 유방암과 같은 생명을 위협하는 질환은 무작위로 발생되는 경우다. 그러나 우리는 이를 대체로 운명이나 불운, 혹은 '신의 의지'로 돌리고 만다.

무작위로 일어나는 사건으로 야기된 가장 심각한 왜곡 사례 중 하나는 가상적 패턴을 미신으로 돌리는 경우다.[4] 이런 경우는 완전히 만들어진 것이거나(13일의 금요일에는 결코 중요한 결정을 하지 않는다), 혹은 이전에 강화되었던 어떤 행동 패턴에서 나온 것일 수 있다(중요한 모임 무작위로 일어나는 사건으로 야기된 가장 심각한 왜곡 사례 중 하나는 가상적 패턴을 미신으로 돌리는 경우다.

에는 언제나 행운의 넥타이를 맨다). 예를 들면, 거의 모든 운동선수들이 미신적인 의식을 널리 행하는 것으로 밝혀졌다.[5] 우리들 대부분은 어느 정도 미신적인 행동을 한다.

하지만 그것이 일상적인 판단에 영향을 미치거나 혹은 중요한 결정을 편향시킬 경우 판단을 흐리게 할 수 있다. 극단적인 경우, 어떤 사람들은 미신에 좌우된다. 이런 사람들은 자신의 일상적 패턴을 변화시키거나 새로운 정보를 객관적으로 처리하기가 거의 불가능하다.

무작위로 일어나는 사건은 모든 사람들에게 일어나며, 이를 예측하기 위해 할 수 있는 일은 아무것도 없다(이 때문에 사람들은 이를 '우연'이라고 말한다). 따라서 예측하려고 애쓰지 마라. 인생에는 당신의 통제 범위를 벗어나 있는 사건들이 있다는 사실을 받아들여야 한다. 스스로에게 패턴을 의미 있게 설명할 수 있는지, 혹은 그 패턴이 단순한 우연의 일치인지 자문해 보라. 우연의 일치에 의미를 부여하려 하지 말라. 또 미신에는 단호하게 맞서라. 미신을 확인하고, 미신의 타당성에 도전하라. 당신이 가지고 있는 모든 미신에 대해 이런 질문을 하라. 이것이 내가 변화하는 것을 막고 있는가? 그것이 나에게 어떤 역기능적인 결과를 일으키는가? 만일 이 두 가지 질문에 '예'라고 답한다면 회의론자가 되라. 계속 미신적인 행동을 믿어야 하는 확고한 이유를 찾으려고 애써 보라. 낡은 습관에 의지하는 자신을 깨달을 때마다 스스로 이런 미신을 무시하도록 해야 한다.

의사결정 Tip

- 당신의 통제 범위를 벗어나 있는 사건들이 있다는 것을 받아들여야 한다.
- 무작위로 일어나는 사건에 의미를 부여하려고 애쓰지 말라.
- 당신이 가진 미신을 인식하고, 미신의 타당성에 도전하라.

chapter 23

나는 내 주머니를 약간만
부풀려 주는 변화만을 좋아한다

친숙성 편향성

가장 오래되고 가장 강력한 정서는 공포다. 그리고
공포 중에서도 가장 오래되고 가장 강력한 공포는
알지 못하는 것에 대한 공포다.
−H. P. 러브크래프트 *H. P Lovecraft*

워렌 버핏과 피터 린치는 '아는 것에 투자하라'는 주문에 따라 거대한 금융왕조를 창조했다. 워렌 버핏은 그가 이해하지 못하는 상품이나 서비스를 만드는 회사의 주식은 매입하지 않는다는 원칙을 고수하며 6백억 달러 이상의 개인적인 부富를 쌓았다. 그는 1999년 포춘 지와의 인터뷰를 통해 "나는 기술을 이해할 수 없다"라고 말했다.[1] 버핏은 시즈 캔디, 게이코 보험회사, 데어리퀸, 프룻오브더룸, 벌링턴 노던 철도회사 등 그가 이해할 수 있는 분야의 기업 주식만을 지속적으로 매입해 왔다.

19 77년에서 1990년 사이 피터 린치는 피델리티 인베스트먼트의 마젤란 펀드를 운영했다. 그는 새롭고 빠르게 성장하는 산업 분야를 피하고, '아는 것에 투자하라'는 전략에 따라 저평가된

주식을 찾는 데 주력했다. 타코벨, 피어 원 임포츠, 필립모리스, 던킨 도너츠 등 보석과 같은 회사에 대한 우선 투자로 린치가 운영하던 기간 동안 마젤란 펀드는 어떤 뮤추얼 펀드도 기록하지 못했던 연평균 29.2%라는 놀라운 수익률을 기록하여 미국 내 최대 규모의 일반주식형 뮤추얼 펀드가 되었다.[2]

버핏과 린치의 투자 결정은 모두 익숙한 장소와 사람, 사물을 선택하게 되는 친숙성 편향성 덕택이다.[3] 예전에 겪었던 상황과 유사한 상황이 나타나면 우리는 과거에 내렸던 선택의 편안함으로 되돌아가는 경향이 있다. 그러나 버핏과 린치의 경우와는 대조적으로 이러한 편향성은 사람들의 의사결정 결과에 심각한 부정적 영향을 줄 수 있다. 더 높은 수익과 더 낮은 위험을 가졌지만 잘 알지 못하는 자산을 놓치게 될 수도 있는 것이다. 그들이 가진 천재성에도 불구하고 버핏과 린치는 친숙성 편향성으로 인해 애플, 아마존닷컴, 이베이, 프라이스라인닷컴, 넷플릭스, 구글에 대한 투자 기회를 놓치고 말았다.

친숙성 편향성은 기억용이성 편향성의 연장선에 있다. 기억용이성 편향성은 최근에 일어난 가장 생생한 사건을 기억하는 경향과 관련되어 있다. 친숙성 편향성은 회상의 용이성과 관련되어 있다. 두뇌가 스트레스를 받거나 과부하 상태일 때 우리는 지름길을 찾게 된다. 우리는 변화를 피하고 미지의 것을 다루지 않아도 되는 길을 찾는다. 이미

> 예전에 겪었던 상황과 유사한 상황이 나타나면 우리는 과거에 내렸던 선택의 편안함으로 되돌아가는 경향이 있다.

믿을 수 있다고 증명된 곳으로 후퇴하는 것보다 더 나은 방법이 있는 가? 친숙한 대안을 찾으면 보다 쉽고 신속하게 결정을 내릴 수 있다. 친숙한 결정을 할 경우 대안들을 찾고 각각의 대안을 평가하는 일에 수반되는 복잡한 계산을 피할 수 있다.

친숙성에 관해 가장 잘 입증된 연구는 투자 의사결정과 관련된 것이다.[4] 일반적인 투자자들은 자신의 돈을 잘 알고 있는 주식에 투자하는 편향성이 존재한다는 증거들이 있다. 사람들은 대기업, 미국 기업, 평판이 좋은 기업을 선호한다. 그 결과 다양성이 저해되고 위험도가 증가하는 것으로 추정된다.[5] 예를 들어, 외국 기업들의 주식도 대부분 투자자들의 다각화된 포트폴리오에 포함되어야 하지만 친숙성 편향성 때문에 포함되지 않는 경우가 많다. 직원들도 친숙성 편향성 때문에 퇴직연금의 상당 부분을 자신이 다니고 있는 회사의 주식으로 구성하는 것을 허용한다. 예를 들어, 엔론의 퇴직연금 프로그램의 60%는 엔론 주식으로 구성되어 있었다. 회사가 쓰러질 때, 직원들은 자신의 퇴직연금이 사라져 가는 것을 눈앞에서 보게 되었다.[6]

그러나 친숙성 편향성은 같은 브랜드를 반복 구매하는 소비자의 기호와 당신이 지지할 가능성이 있는 정당을 예측하는 것까지 설명해 준다. 코카콜라나 애플 같은 소비자 브랜드는 친숙성 편향성을 잘 활용하고 있으며, 코카콜라를 마시거나 아이패드를 구매하는 습관을 강화하기 위한 광고에 연간 수십억 달러를 쓴다.[7] 사람들은 자녀들이 부모와 같은 정당을 선호하게 되는 비율을 50% 정도로 예상하지만, 연구 결과에 의하면 실제 비율은 70~75%에 이른다고 한다.[8] 다시 한 번 말하지만 익숙한 곳으로 가는 것이 더 쉽다.

친숙성 편향성은 때로 의학적 결정에 나쁜 영향을 주는 것으로 나타난다.[9] 사람들은 현재의 상황에는 적절하지 않음에도 불구하고 과거에 효과가 있었던 조치나 치료 방법을 더 찾게 되는 경향이 있다. 그리고 복제 약품이 훨씬 저렴하고 똑같은 효능을 가지고 있음에도 불구하고 유명 브랜드의 약품을, 그 이름을 이전에 들어보았다는 이유로 더 선호하는 경향이 있다.

사람들은 친숙한 것에 투자할 때 위험을 과소 평가한다. 위험을 과소 평가하기 때문에 다각화를 통해 위험을 상쇄하지 못한다. 그래서 결국 한쪽으로 치우친 투자 포트폴리오를 가지게 된다. 만일 부동산 분야에 더 익숙하다면 부동산 분야에 너무 많은 자산을 투자하게 된다. 예술, 클래식 자동차, 우표 수집, 주식, 채권의 경우도 마찬가지다. 알고 있는 것과 함께 가려는 경향 때문에 자기가 다니고 있는 회사의 주식에 너무 많이 투자하거나 자신에게 익숙한 단일 범주(주식, 채권, 농장 등)에 과도하게 투자하고, 멀리 떨어진 곳에는 너무 적게 투자하는 등의 흔한 실수를 저지르게 된다.

친숙성 편향성을 최소화하기 위해 스스로 안락한 지대를 벗어날 수 있도록 노력하고, 멀거나 생경한 것처럼 보이는 대안들을 찾아야 한다. 시도해 보지 않은 것을 시도해 보라. 당신의 금융투자가 다각화 목표를 만족시키고 있는지 지속적으로 검토해 보라.

의사결정 Tip

- 달걀을 한 바구니에 전부 담지 말라.
- 멀거나 생경한 것처럼 보이는 대안들을 찾아라.
- 당신의 투자가 다각화되어 있는지 지속적으로 검토해 보라.

chapter 24

지나가버린 것이
언제나 잊혀지는 것은 아니다

매몰비용의 이해

1년 전을 무시하듯 오늘도 무시하는 일관성이 필요하다.
―B. 버렌슨 B. Berenson

뉴욕에 사는 낸시 시걸은 발레공연 티켓 한 장을 구입했다. 공연을 보러 가기 1시간 전 그녀는 피곤함을 느꼈고 몸이 조금 좋지 않음을 알았다. 그녀는 링컨 센터까지 여덟 블록을 걸어가고, 또 3시간 동안 앉아 있고 싶지 않았다. 낸시가 정말 하고 싶은 것은 발을 소파에 올려놓고 책을 읽으면서 저녁시간을 보내는 것이었지만, 억지로 발레공연을 보러 갔다. 그녀의 설명이란? "나는 티켓을 사는 데 120달러를 지불했고, 난 그 돈을 낭비하고 싶지 않았어."

낸시는 비합리적인 결정을 했다. 그녀는 매몰비용 sunk cost 개념에 당했다. 만일 낸시가 합리적이었다면, 그녀는 미래에 일어날 일만을 근거로 해서 결정했을 것이다. 따라서 그녀가 티켓을 구입하는 데 지불한 금액은 미래의 결정에 영향을 미치지 않았어야 했다. 그러나 낸시는 환불할 수 없는 경비를 현재의 투자와 동일한 것으로 생각했다. 그러나 그렇지 않다. 만일 당신이 이미 발생한 것보다 오히려 미래의 이익과 비용만 고려한다면, 좀 더 효과적인 결정을 할 수 있을 것이다.[1] 왜 그럴까? 당신이 오늘 내린 결정은 미래에만 영향을 미칠 수 있기 때문이다. 현재의 어떤 결정도 과거를 되돌릴 수 없기 때문이다.

우리들 대부분은 결정을 할 때 매몰비용에 빠져든다. 예를 들면, 식당에서 접시에 음식을 남겨놓을 수 없는 사람을 알고 있는가? 나는 한 친구를 알고 있는데, 그녀는 외식할 때 정말 배가 부른데도 언제나 접시를 깨끗이 비운다. 음식값을 이미 지불했다는 사실은 상관이 없었다. 어떤 사람과의 관계가 행복하지 않다고 말하는 사람을 본 적이 있는가? 만일 당신이 그 사람에게 관계를 청산하지 않는 이유를 묻는다면, "이미 그 관계에 너무 많은 시간을 쏟았기 때문이야"와 같은 대답을 들을 수 있을 것이다. 아니면 당신은 산책하는 대신 영화 티켓 구입에 8달러를 지급했기 때문에 좋아하지도 않는 영화를 보기 위해 오랫동안 극장에 앉아 있었던 적이 있는가?

고전적인 연구에서, 한 그룹의 조사대상자들은 자신을 군용 항공기 제조 회사의 대표로 상상해 보라는 얘기를 들었다.[2] 이 회사는 이미 일반적인 레이더로는 감지할 수 없는 항공기를 제작하려는 연구에 1천만 달러를 투자했다. 그러나 이 프로젝트가 90%쯤 완료되었을 무렵, 경쟁업체는 이미 레이더로 감지할 수 없고, 당신의 회사가 개발하고 있는 비행기보다 훨씬 더 빠르고 비용도 저렴한 비행기의 마케팅을 시작하고 있다는 것을 알게 된다. 조사대상자들은 회사 대표로서 그 프로젝트를 완료하기 위해 나머지 연구 비용 10%를 투자할 것인지에 대한 질문을 받았다. 그리고 두 번째 그룹도 같은 시나리오를 받았지만, 이전의 투자에 대해서는 어떤 언급도 하지 않았다. 첫 번째 그룹에서는 85%가 그 프로젝트를 완료하겠다고 했지만, 두 번째 그룹에서는 단지 17%만이 추가로 투자를 하겠다고 대답했다. 분명히 1천만 달러라는 이전의 경비는 이 프로젝트를 계속할 것인가 아니면 중단할 것인가에 대한 첫 번째 그룹의 결정에 영향을 미쳤다.

NBA 농구선수의 경기 시간에 대한 최근의 연구에서는 감독들이 매몰비용의 영향을 받는 것으로 밝혀졌다.[3] 이 경우 매몰비용은 매년 대학 드래프트의 선정 순위로 나타났다. 합리적인 감독이라면 가장 우수한 선수를 계속 뛰게 하겠지만, 드래프트 순위는 이들의 결정에 비합리적인 영향을 미쳤다. 감독들은 경기 성적, 부상 등과 같은 요소를 고려한 후에도 선순위로 드래프트된 선수에게 더 많은 경기 시간을 뛰게 해 주었고, 방출하지 않고 더 오랫동안 보유했다.*

이러한 예들이 가진 공통의 맥락은 매몰비용에 대한 생각이다. 그러나 시간이나 돈 혹은 노력이라는 지나간 경비를 무시해야 하는 경우가 합리적일 때, 왜 우리들 대부분은 비합리적으로 행동하게 되는가?

----

* 이는 일종의 자성예언self-fulfilling prophecy이 될 가능성도 있다. 감독들은 드래프트 순위가 높은 선수에게 더 많은 경기 시간, 더 좋은 출전 기회, 더 호의적인 대우 등을 해줌으로써 '역시 드래프트 순위가 높은 선수는 잘한단 말이야'와 같은 자성예언(자신이 기대한 바대로 결과를 성취해 가는 과정)에 빠지는 경우가 있다. 이 경우, 드래프트 순위가 높은 선수가 정말 잘 한 것이 아니라, 감독이 잘 대해 주었기 때문에 잘하게 된 것일 수도 있다. 매몰비용이 클수록, 자성예언의 가능성이 더 크게 나타날 수 있다.

우리는 왜 미래보다 과거에 집착할까? 매몰비용을 무시한다는 것은 우리를 우유부단하고 일관성 없으며 비경제적으로 보이게 할 수 있기 때문이다.[4] 우리는 체면을 세우고 싶어 하고, 앞서 내린 결정이 실수였다는 것을 공공연하게 인정하고 싶어 하지 않는다. "지금 그만두기에는 너무나 많은 것을 투자했다"라는 말은 우리들이 자주 이용해 왔던 말이다. 우리는 또 일관성 있게 보이기를 원한다. 일관성이 합리성의 핵심 요소이기 때문이다. 가장 발전된 사회는 일관성과 영속성에 가치를 부여하기 때문에 우리는 타인들에게 좋은 모습을 보이고 싶어 하고, 계속 그 길을 감으로써 그렇게 할 수 있다. 마지막으로, 우리들 대부분은 낭비하는 것처럼 보이는 것을 피하고 싶어 한다. 대부분의 사회에서 낭비는 바람직하지 않은 특성으로 간주되기 때문이다.

당신이 오늘 내린 결정은 미래에만 영향을 미칠 수 있고 과거에는 영향을 줄 수 없다. 그러므로 의사결정을 할 때 과거의 손실이나 비용에는 관심을 둘 필요가 없는 것이다.

그러면 매몰비용에 대한 지식이 좀 더 나은 결정을 하는 데 어떤 도움을 줄 수 있는가? 첫째, 당신이 오늘 내린 결정은 미래에만 영향을 미칠 수 있고 과거에는 영향을 줄 수 없다. 그러므로 의사결정을 할 때 과거의 손실이나 비용에는 관심을 둘 필요가 없는 것이다.[5] 다시 말해, 매몰비용을 무시하라. 관계를 지속시키는 문제라면, "내가 오늘 처음으로 이 사람과 데이트한다면, 그가 다시 보고 싶어질까?"라고 자문해 보라.

둘째, 실수를 인성하는 것이 좋나. 당신이 실수를 쉽게 인정하지 못한다면, 스스로에게 다음과 같이 질문해 보라. 왜 이전의 결정에 대한 실수를 인정하는 것이 나를 괴롭히는가? 답은 "이제 그만"이라고 말할 때를 아는 데 있다. 당신은 이전에 설정한 과정을 계속 밟아가는 것이 성과를 낼 수 있는 상황인지, 아니면 그 방향이 잘못 되었으므로 이를 중지하는 것이 맞는 상황인지를 잘 구분하고 싶을 것이다.

셋째, 일관성이 언제나 바람직한 것은 아니다. 유연성 또한 자산이 될 수 있다. 만일 객관적으로 정당화할 수 있다면, 어떤 상황에서는 일관성이 없는 것도 괜찮다. 어떤 일련의 상황에서 내린 과거의 결정은 그 상황이 변했다면 더 이상 적절하지 않을 수 있다.[6] 이전에 내린 결정이 반드시 잘못된 것은 아니지만, 현재는 그 결정을 했던 이전의 상황과 맞지 않을 수 있다.

의사결정 Tip

- 매몰비용을 무시하라.
- 실수를 인정하는 것이 좋다.
- 언제나 일관성이 있어야 할 필요는 없다.

chapter 25

단순화하라

제한적 탐색의 오류

모든 것을 가능한 한 단순화하라,
하지만 단순한 사람이 되지는 말라.
−A. 아인슈타인A. Einstein

토드 루시는 2004년에 일리노이 대학교를 졸업했다. 그는 심리학을 전공했고, 대학원에 진학해 심리치료사가 되기 위한 경력을 쌓는 것에 대해 아버지와 상의했지만 아버지는 그가 고향인 시카고로 돌아와 가업인 식당일을 하기 바랐다. 토드의 아버지와 삼촌은 일리노이 주 북부에서 6곳의 맥도날드 프랜차이즈를 경영하고 있다.

졸업을 하자마자 그는 시카고로 돌아왔다. 그는 가업에 참여했고, 집을 사고 결혼을 했으며, 지금은 2명의 자녀가 있다. 토드는 최근에 10년 전 그가 내린 결정에 대해 생각해 보았다.

내 생각에 그건 결정도 아니었어. 아버지가 가업을 물려받으라고 말씀하셨고, 그건 쉬운 일일 것 같았거든. 나는 내가 그렇게 할 것이라는 것을 알고 있었어. 나는 열다섯 살 이후부터 주말과 여름방학에는 아버지를 위해 일했었지. 미지의 것을 선택하기보다는 이미 알고 있는 것을 선택한 거야.

이제 와서 나는 그때 무엇을 할 수 있었을까 생각해 본다. 나는 대학원으로 돌아갈 수 있었어. 분명 장학금도 받고, 학비를 충당할 대출도 받을 수 있었을 거야. 상담심리학 박사학위도 받고, 심리치료사도 될 수 있었을 거야. 나는 내가 그 일을 아주 잘할 수 있었을 거라는 걸 알고 있어. 나는 자주, 만일 내가 아버지의 제의를 그렇게 빨리 수락하지 않았다면, 내 인생에서 얼마나 더 많은 것을 성취할 수 있었을까를 생각해. 그러나 아버지의 부탁은 쉬운 일이었어. 다른 선택은 정말 생각해 보지 않았던 거야.

대학 졸업 후 가업에 종사한다는 토드의 결정은 인생을 바꾸는 중요한 사건이었다. 불행히도 토드의 경우, 당연히 시간을 들여 결정해야 했음에도 그러지 않았다. 그는 우리가 제2장에서 설명한 합리적 의사결정 과정을 따르려는 노력을 하지 않았다. 대신 그는 자신의 탐색을 제한하는 방법을 선택했다.

우리 모두는 탐색하고자 하는 노력을 제한함으로써 문제 해결 과정을 단순화하려는 경험이 있다는 것을 보여 주는 증거들이 있다.[1] 우리들 대부분은 복잡함에 대응하여 쉽게 이해할 수 있는 수준으로 문제를 축소시킨다. 그렇게 하는 이유는 최상의 결정을 하는 데 필요한 모든 정보를 받아들여 이해하는 것이 불가능하기 때문이다. 우리는 합리적 의사결정 과정에 필요한 시간과 지식, 기타 자원을 갖고 있지 않다. 따라서 제3장에서 간략하게 설명한 대로 우리는 쉽게 만족한다.

우리가 이용하는 의사결정 과정은 '제한된 합리성'으로 설명된다. 복잡한 문제에 직면했을 때, 우리는 문제에 얽히고설킨 모든 것을 파악하지 않고 문제의 본질적인 특징만 추출하여 단순화된 모델을 구성한다.[2]

일반적으로 개인에게 제한된 합리성은 어떻게 작용하는가? 문제를 파악한 후 기준들과 대안에 대한 탐색을 시작하지만, 기준의 목록에 모든 것을 망라하지는 못할 것이다. 의사결정자는 좀 더 범위를 좁혀 분명한 선택 대안들만을 포함하는 제한된 목록을 구성한다. 이들 선택 대안들은 찾기도 쉽고 매우 분명한 대안들이며, 각 선택 대안은 친숙한 기준과 이미 검증된 해결책들을 가지고 있을 것이다. 제한된 대안 목록이 확인되면 의사결정자는 그것을 검토하기 시작한다. 그러나 그 검토가 포괄적이지도 않고 모든 대안을 신중하게 평가하지도 못한다. 그 대신, 의사결정자는 사실상 현재의 대안과 상대적으로 차이가 적은 대안부터 평가하기 시작한다. 의사결정자는 익숙하고 잘 닦인 길을 따라가면서 충분한 대안을 찾을 때까지만 대안을 검토한다. 기준을 충분히 충족시키는 첫 번째 대안이 나타나면 탐색은 중지된다. 따라서 최종적으로 선택된 대안은 최적의 대안이기보다는 만족할 만한 대안이기가 쉽다.

> 복잡한 문제에 직면했을 때, 우리는 문제에 얽히고설킨 모든 것을 파악하지 않고 문제의 본질적인 특징만 추출하여 단순화된 모델을 구성한다.

합리성에 대한 보다 흥미 있는 특징 중 하나는 대안을 고려하는 순서가 중요하다는 것이다. 전적으로 합리적인 의사결정 과정에서는 모든 대안이 선호도에 따라 목록에 오르게 된다. 모든 대안을 고려하기 때문에 대안을 평가하는 순서는 중요하지 않다. 모든 잠재적인 대안에 대해 완전한 평가를 하게 된다. 그러나 제한된 합리성이 적용될 경우 이렇게 하지 않는다. 만일 어떤 문제에 대해 잠재적인 대안이 2개 이상이라면, 만족할 만한 선택은 의사결정자가 첫 번째로 만나는 수용 가능한 대안이 될 것이다. 또 의사결정자는 단순하고 제한된 탐색 절차를 이용하고 있기 때문에 대체로 분명한 대안, 익숙하고 현재 상태와 그다지 동떨어지지 않는 대안부터 검토하기 시작한다. 현재의 상태와 최소한으로 떨어져 있고, 결정 기준을 그저 만족스러울 정도로만 충족시키는 대안이 가장 선택 가능성이 높다. 따라서 독특하고 독창적인 대안은 문제에 대한 최적의 해결책을 제시할 수도 있지만, 의사결정자가 현재 상태와 아주 동떨어진 것을 탐색하기 전에 수용 가능한 해결책을 찾게 될 것이므로 그런 해결책이 선택될 가능성은 적다.

제한된 합리성을 따라 우리는 몇 가지 예측을 할 수 있다. 우리는 기준과 대안의 수를 줄여서 복잡한 결정을 단순화시키며, 충분한 대안을 찾으면 곧 그 과정을 중단한다. 또 우리는 현재 상태보다 매우 다른 대안은 개발하려 하지 않는다. 왜냐하면 사람들은 차이가 가장 적은 대안부터 순차적으로 찾는 경향이 있으며 대개의 경우 정말로 혁신적인 대안을 만나기 전에 만족할 만한 대안을 찾게 된다.

제한된 탐색과 관련된 또 다른 통찰은 대부분의 사람들이 의사결정

초기 과정에서 고려하고자 하는 대안의 수를 줄인다는 사실이다.[3] 가능한 대안을 망라한 목록을 만들고, 각각의 대안을 평가하는 데 에너지를 쏟기보다 미리 선택 가능한 일련의 대안을 쉽게 다룰 수 있을 만한 개수로 한정시킨다. 우리는 대안이 다음의 세 가지 질문 중 하나를 충족시키는지 물어본 후 제외 여부를 결정한다. 그것이 나의 기본 원칙이나 가치관과 맞는가? 그것이 나의 목표와 맞는가? 그것이 목표 달성을 위한 나의 계획에 적합한가? 만일 대안이 이들 세 가지 테스트를 통과하지 못하면 우리는 그것을 걸러낸다. 이런 종류의 탐색은 만족하는 것을 선택한다는 연구 결과와 일관성이 있으며, 의사결정이 합리적인 의사결정 과정에서 가정하는 것만큼 포괄적이지 않다는 것을 말해 준다. 또 이러한 사실은 대안을 제한하는 과정에서 수용 가능한 대안의 수를 극소수로 줄여버리는 경향이 있으며, 대안의 수를 줄이는 이러한 행위가 의사결정 과정의 말미보다는 초기에 이루어진다는 데 문제가 있다. 즉 우리는 각 대안이 우리의 가치관과 목표, 계획과 합치하는지를 탐색하여 불합치하면 탈락시키는 방식으로 대안의 수를 줄인다.

우리 모두는 제한적인 탐색이라는 오류를 저지르기 쉽다. 그러나 이 말이 우리가 이러한 오류를 줄이기 위한 조치를 명확하게 취할 수 없다는 뜻은 아니다. 그러한 노력은 열린 마음을 가지고 시작할 수 있다. 대안에 대해 너무 빨리 판단하지 말라. 특히 복잡한 문제에 직면했을 때 그 문제를 단순화시켜 각 대안을 너무 빨리 탐색해 버리는 경향에 주의해야 하고 선택의 폭을 넓힐 시간을 가져야 한다. 분명 대안이 완벽해 보이더라도 그것을 빨리 선택하고, 과정을 종료하려는 경항에 저항해아 한다. 대인의 범위를 확장히기 위한 탐색을 계속해야 한다. 마지막으로, 창의성을 발휘하여 대안을 찾아야 한다. 분명한 것 이외에도, 낯설고 이상하고 독창적이며 이전에 시도해 보지 않은 대안을 생각해 보라. 찾을 수 있는 대안이 많으면 많을수록, 다양하면 다양할수록, 탁월한 선택을 할 기회는 그만큼 더 많아진다.

의사결정 Tip

- 대안에 대해 너무 빨리 판단하지 말라.
- 선택의 폭을 넓혀라.
- 눈에 잘 띄지 않는 독창적인 대안을 찾아 보라.

chapter 26

전쟁터 한복판에서 이성을 잃는 것

감정 개입의 오류

일시적으로 화가 났다고 해서
영구적으로 어리석은 짓을 해서는 안 된다.
– 무명

레이 데이비스의 자동차 토요타 캠리의 주행거리계는 지난 주 12만 마일을 기록했다. 레이는 자신이 새 차를 사야 한다는 것을 알고 있었다. 그는 유지보수 비용에 짓눌리는 것은 이제 시간문제일 뿐이라고 생각했다.

이즈음 레이는 캠리보다 더 멋진 차를 살까 생각 중이었다. 그는 신형 BMW 428i를 사고 싶었다. 빨간색 컨버터블 자동차였다. 자동차 쇼에서 그 차를 봤고, 첫눈에 마음에 들었다. 그래서 이틀 전 레이는 인터넷에 들어가 조사를 했다. 그 차에 대한 평을 읽어 본 것이다. 그는 J. D. 파워즈(자동차 품질에 관한 조사로 정평이 나 있는 소비자 조사기관이다.)에서 428i에 대한 품질 등급을 확인하고 흡족해했다. 또 소매 가격과 판매상의 비용, 자신의 예상 비용을 제시하는 웹 사이트도 발견했다. 그는 자신이 수집한 가격 정보로 무장하고 지난 밤 근처에 있는 BMW 대리점을 찾아갔다. 도착하자마자 그는 판매점에 428i 컨버터블 자동차가 4대 있다는 것을 알게 되었다. 모두 자동차 전면유리에 57,325달러라는 똑같은 소매가격표가 붙어 있었다.

레이는 판매점이 자동차 1대에 각각 53,275달러를 지불했을 것이라고 계산하고, 자신이 조사한 자료에 따라 딜러 비용 700달러 정도를 추가하면 판매상의 가격표에서 약 3,350달러 정도를 깎아서 구입할 수 있을 것이라고 생각했다. 레이는 1시간 이상 협상을 거쳐, 빨간색 신형 컨버터블 자동차를 몰고 나갔다. 그러나 그는 56,500달러를 지불했다. 그는 가격표에서 겨우 825달러만을 깎고 자동차를 구입했다.

오늘 아침, 좀 더 침착하고 냉정해진 레이 데이비스는 자신이 돈을 너무 많이 지불했다는 것을 깨달았다. 자신의 감정 때문에 판단이 흐려졌기 때문이었다. 그는 빨간색 컨버터블 자동차를 원했고 그 자동차에 대한 열망이 BMW 전시장에 들어서는 순간 명백히 드러났다. 반면 자동차 판매원은 레이의 감정을 이용해 컨버터블 자동차가 주는 즐거움과 빨간색 자동차를 운전하는 재미, BMW를 소유하는 즐거움에 대해 목청을 돋워가며 이야기했다. 시험 운전을 한 후, 레이는 바로 판매원의 손에 붙은 접착제 신세가 되었다. 돌이켜 생각해 본 결과 자신이 지불해야 하는 금액에서 2,500달러 이상을 더 지불했다는 것을 알게 되었다. 자신의 감정을 있는 그대로 몽땅 노출시켰기 때문이다.

감정은 의사결정에 강력한 영향을 미칠 수 있다. 감정은 의사결정이 이루어지는 과정과 레이 데이비스의 경우처럼 의사결정의 최종 결과에 모두 영향을 미칠 수 있다. 우리는 모두 인간이며, 감정을 지니고 있다. 이 장에서 알게 되겠지만, 우리가 직면한 도전은 우리의 감정을 조절하여 최소한의 손해만 입도록 하는 것이다.

우리들 대부분이 동시에 또는 서로 다른 시간에 경험하는 감정에는 행복과 놀람, 희망, 두려움, 불안, 슬픔, 절망, 분노, 혐오 등이 있다.[1] 그리고 모든 사람들은 때때로 감정적인 모습을 보인다. 그러나 어떤 사람들은 특히 지나치게 흥분했거나 스트레스를 받았을 때, 감정이 의사결정을 지배하도록 허용한다. 시간을 가지고 제10장 '당신의 감정을 스스로 조절할 수 있는가'의 테스트 점수에 대해 생각해 보자. 낮은 점수는 당신이 감정 조절을 잘 하지 못한다는 뜻임을 기억하라. 점수가 낮을수록 더 적극적으로 감정의 부정적인 측면을 조절하려고 노력해야 한다.

합리적인 의사결정 과정은 감정이 개입되지 않아야 하며, 우리가 해야 하는 대부분의 결정은 감정을 조절함으로써 제대로 이루어질 수 있다. 그러나 많은 사람들이 그렇게 하지 못한다. 예를 들면, 당신은 낭만적인 결정(사랑에 빠지거나 결혼을 선택하고, 혹은 사랑하는 사람을 위해 특별한 선물을 사는 것)에 아무런 감정을 개입시키지 않는 것을 원치 않을 것이다. 또 어떤 경우에는 아주 잘했다는 것을 나중에 알게 된 결정(분규가 한창일 때 실망스런 직장을 그만둔 것이나 당신이 '사랑에 빠진' 예술품 하나를 구입한 것, 혹은 빚이 늘어나는 데 좌절하여 신용카드를 잘라버린 것)은 대개 감정에 따라 이루어진 것이다. 그러나 우리는 감정이 합리성을 크게 침해하여 불행한 결과로 이어지는 상황을 맞기도 한다. 부정적인 감정은 우리의 주의력을 협소하게 하고, 의사결정 과정을 단축시키며, 충동적인 행동으로 이어지게 한다. 때로는 의사결정을 한 후 후회를 하기도 한다.[2] 우리 대부분은 순간의 들뜬 마음에 사로잡혀 경솔한 결정을 하고, 이후 그 결정에 대해 두고두고 후회한다.

감정에 관해 보다 염려되는 문제 중 하나는 감정이 때로 장기적인 것과 단기적인 것을 뒤바꿔 놓는다는 점이다. 이를 '감정의 계단식 폭포현상emotional cascades'*이라고 한다.[3] 우리는 그 순간의 기분에 따라 신중하지 못한 결정을 하고, 이러한

> 부정적인 감정은 우리의 주의력을 협소하게 하고, 의사결정 과정을 단축시키며, 충동적인 행동으로 이어지게 한다.

결정은 장기적으로 지속적인 패턴을 만들어 낸다. 사랑하는 사람에게 뭔가를 말하거나 감당할 수 없는 뭔가를 충동적으로 구입하기 전에 당장의 영향 못지않게 장기적인 영향을 생각해 봐야 한다. 돌이키기 힘든 또는 돌이키기에 불가능한 말이나 행동이 있다.

우리가 감정 때문에 장기적 목표와 거리가 먼 방향으로 향하게 될 때, 스트레스를 받는 상황에서 어려운 선택을 해야 할 때, 우리가 지나치게 흥분했을 때 합리성이 가장 많이 침해당한다는 것을 보여 주는 증거들이 있다.[4]

----

* 아직 국내에서는 통일된 번역어를 사용하고 있지 않은 듯하다. emotional cascade는 '감정 또는 정서 캐스케이드', '정서 폭포현상', '감정 폭포' 등의 용어로 번역된다. 이는 감정에 사로잡혀 일시적으로 잘못된 의사결정을 하고 오래도록 후회하지만, 이러한 의사결정의 패턴이 남아서 감정이 사라지고 난 뒤에도 폭포수가 계단식으로 내려오는 것처럼 반복해서 그러한 의사결정을 하는, 즉 감정에 의한 의사결정이 이후에도 반복해서 의사결정에 영향을 미치는 현상을 말한다.

부정적인 감정(분노, 좌절, 증오, 복수 등)은 우리가 중요한 목표 사이에서 어렵고 스트레스를 주는 선택을 해야 할 상황에 직면할 때 표면화되는 경향이 있다. 예를 들면, 직업과 가족 사이의 갈등, 혹은 멋진 삶과 예산 범위 내의 생활, 법의 오용을 보면서 그 법을 존중하는 것은 부정적인 감정의 원천이 될 수 있다. 음주운전자가 무고한 어린이를 죽이고도 교도소에 가지 않고 석방될 때, 그 어린이의 부모가 복수를 자제하려면 엄청난 감정 조절이 필요하다.

　최근 몇 년 동안 많은 투자자들이 감정적 충동 때문에 합리적인 사고를 무시해 버렸다.[5] 이들은 '비합리성이 무성했던' 시기인 2007년과 2008년에 과대 평가된 주식을 매수했다. 그 후 시장은 하향세로 돌아섰고, 이들은 두려움과 좌절로 모든 것을 매도했다. 우리들 중 아무도 주식시장의 미래를 예측하지 못하지만 한 가지는 분명하다. 당신이 은퇴 후 사용할 종잣돈을 가지고 중요한 투자 결정을 할 때에는 충동적인 감정 변화를 바탕으로 하면 안 된다는 것이다.

　감정을 관리하는 첫 번째 단계는 감정이 결정에 영향을 미칠 수 있다는 것을 인식하는 것이다. 그 영향이 긍정적인지 부정적인지는 의사결정의 유형과 중요성, 당신의 각성 수준과 자각 수준에 따라 달라진다. 만일 당신이 제10장의 테스트에서 낮은 점수를 받았다면, 감정이 선택을 좌우하지 않도록 특히 경계해야 한다. 두 번째 단계는 스트레스를 받거나 흥분했을 때는 중요한 결정을 보류하라. 대부분의 결정에 있어 우리는 감정의 영향을 최소화하기 위해 하루나 이틀 정도 이를 연기할 수 있다. 세 번째는 당신이 그 결정을 보류할 수 없다면, 다른 사람을 반향판으로 이용하라. 감정적으로 관련이 없는 친구나 친척과 함께 당신의 결정에 대해 검토하라. 네 번째, 선택의 폭을 넓히도록 시간을 할애하라. 만일 당신이 추가 대안을 평가하고 숙고한다면, 충동적인 선택을 할 가능성은 거의 없을 것이다. 마지막으로 장기적인 목표에 초점을 맞추라. 당신이 반드시 의사결정을 해야 하고 그것이 당신의 장기적 계획에 적합한지 확인한다면, 감정이 개입되어 나중에 후회하게 될 충동적인 행동은 줄어들 것이다.

의사결정 Tip

- 감정이 의사결정에 영향을 미칠 수 있다는 것을 인식하라.
- 스트레스를 받거나 흥분했을 때에는 중요한 결정을 보류하라.
- 감정적으로 관련이 없는 사람들을 반향판으로 이용하라.
- 선택의 범위를 확장하라.
- 장기적 목표에 초점을 맞추라.

chapter 27

누구를 비난하는가

이기적 편향성

뭔가 일이 잘못되어 갈 때 미소 지을 수 있는 사람은
이 문제로 비난할 수 있는 사람을 생각하고 있는 것이다.
– 무명

1999년 5월 마리아 워커의 남편이 뇌종양으로 사망했다. 그는 그녀에게 집과 약 35만 달러의 돈을 남겼다. 당시 서른세 살에 불과했던 마리아는 이 돈이 앞으로 그녀의 생활을 꾸려가는 데 필요할 것이라는 것을 알고 있었다. 그녀는 투자 방법을 몰라 그 돈을 죽은 남편의 오랜 친구인 브라이언 랜달에게 맡겼다. 그는 메릴린치의 중개인이었다.[1] 그녀는 브라이언을 친구로 믿고 그녀가 가진 모든 돈을 투자했다.

브라이언은 먼저 마리아의 유산을 월마트와 IBM 같은 블루칩 주식에 투자했다. 그러나 1999년 후반 하이테크 관련 주가가 하늘을 치솟을 때 그는 마리아에게 보수적인 주식을 팔아버리고 좀 더 공격적으로 투자하라고 조언했다. 그녀는 그에게 그렇게 하라고 승낙했다. 2000년 가을 마리아의 계좌에는 전부 기술주뿐이었다. 그리고 마리아의 포트폴리오 가치는 점점 증가했다. 1년이 채 되지 않아 그녀가 처음 투자했던 35만 달러는 50만 달러 이상으로 증가했다. 마리아는 재산이 늘어나는 것을 즐기고 있었다. 그녀의 비자카드 청구서는 이제 한달 평균 4천 달러 이상이 되었다. "당신은 믿을 만해!" 그녀는 랜달에게 거듭 이야기했다.

이 이야기가 어떻게 진행되었는지 상상할 수 있을 것이다. 기술주 버블은 2001년에 붕괴되었다. 브라이언 랜달은 이들 주식의 가치가 떨어지는 동안에도 계속해서 기술주의 수익 가능성에 대해 이야기했다. 2002년 1월경 마리아의 포트폴리오 가치는 7만 6천 달러 이하로 폭락했다.

마리아는 거의 파산했다. 그녀는 랜달을 믿었다. 이제 그녀는 유산의 대부분이 사라져버린 어려운 현실에 직면해야 했다. 마리아는 투자금의 가치가 증가할 때에는 랜달에게 돈을 맡긴 결정에 대해 자신의 명민함을 칭찬했지만, 이제 그는 그녀에게 반갑지 않은 사람이었다. 마리아는 랜달에게 그가 가져 온 손실에 대해 개인적으로 책임을 지라고 했다. 반면 랜달은 마리아의 포트폴리오 가치 감소에 대한 책임을 거부했다. 그는 메릴린치 주식분석가의 불충분한 조언과 마리아의 탐욕을 비난했다.

마리아의 이러한 경험은 그녀만의 것이 아니다. 하이테크 관련 주식 시장이 1996년과 2000년 사이 상승을 지속하는 동안 투자자들은 재빨리 자신의 투자 전문 지식을 자랑하고, 명민한 투자를 자신들의 공으로 돌렸다. 그러나 시장이 흔들리다가 결국 75% 넘게 하락하자 대부분의 투자자들은 그에 대한 책임을 돌릴 사람을 찾았다. 주식중개인, 계속 기술주를 강매하다시피 한 투자분석가, 기업 장부를 조작한 경영진, 심지어는 이율을 빨리 내리지 않은 연방준비은행에까지 그 책임을 돌렸다.

> 우리는 성공에 대해서는 재빨리 그 공을 자신에게 돌리고, 실패에 대해서는 외부 요인에 책임을 돌린다.

이러한 주식시장의 예는 잘 알려진 인간의 성향을 보여 주는 것이다. 이를 이기적 편향성 self-serving bias 이라 부른다.[2] 우리는 성공에 대해서는 재빨리 그 공을 자신에게 돌리고, 실패에 대해서는 외부 요인에 책임을 돌린다.

우리가 성공에 대해서는 능력이나 노력 같은 내부적인 요인 탓으로 돌리는 반면, 실패에 대해서는 불운이나 나쁜 기회 같은 외부적인 요인 탓으로 돌린다는 것을 뒷받침하는 증거는 많다. 그러나 우리가 다른 사람을 판단할 때는 그리 친절하지 않다. 우리는 다른 사람의 결정을 볼 때 외적 요인이나 외부적 원인의 영향을 과소 평가하고, 내적 또는 개인적 요인의 영향은 과대 평가하는 경향이 있다. 그러므로 내가 주식시장에서 돈을 잃으면 불운을 겪은 것이거나 잘못된 조언을 들은 것이다. 나는 여러분이 주식시장에서 돈을 잃었다면, 여러분이 잘못된 결정을 한 것이라고 생각한다.

원인을 어딘가에 돌리는 귀인 attribution 은 우리와 다른 사람들이 우리의 결정을 어떻게 설명하는가를 좀 더 잘 이해할 수 있게 해 준다. 이는 다른 사람들의 결점에 대한 책임은 그들에게 돌리고, 우리의 결점에 내해서는 훨씬 더 니그럽게 생각히는 우리의 편향성을 경계해야 한다는 것을 말해 준다. 예를 들면, 수백만 명의 사람들이 알코올 중독으로 고통을 겪고 있다. 알코올 중독자들은 자신과 '다른 사람들'의 재발 원인에 대해 아주 다른 설명을 한다.[3] 다른 사람들의 재발은 자제력이나 의지력 부족 같은 내부 요인 탓으로 돌리지만 자신의 재발 원인은 술을 너무 좋아하는 친구의 압력 같은 외부 요인 탓으로 돌리는 경우가 더 많다.

우리는 스스로의 의사결정 결과를 객관적으로 평가하지 못한다. 우리가 스스로의 결정에 기꺼이 책임을 지려는 것은 그 결과가 긍정적인지 혹은 부정적인지, 우리가 자신에 대해 평가하는지 아니면 다른 사람을 평가하는지에 따라 달라진다. 따라서 당신은 큰 실수를 저질렀을 때 자신 이외의 다른 곳에서 그 원인을 찾고 싶어 하는 경향이 있다는 사실을 경계해야 한다. 당신이 성공하면, 그 공을 자신에게 돌리고 싶어 한다. 이런 두 가지 반응은 모두 당신을 곤경에 처하게 할 수 있다. 당신이 아무리 의사결정 전문가라 할지라도 10할 타율은 기록할 수 없다. 예측하지 못한 부정적인 결과로 이어지게 하는 '우리의 통제력 너머에 있는 요인'들이 있기 때문이다. 그리고 우리는 성공에 대해 자신에게 너무 많은 공을 돌리는 데 신중해야 한다.

게다가 우리는 의사결정의 결과를 가져 온 원인에 대해 그다지 잘 평가하지 못하기 때문에, 때로는 이전의 경험에서 잘못된 교훈을 배운다. 우리는 일련의 성공을 거두게 되면 지나치게 자신감을 갖게 된다. 실제보다 결과에 대한 통제력을 더 많이 가지고 있다고 생각하는 것이다. 또한 우리는 계획한 대로 이루어지지 않은 결정에 대해서는 책임지지 않으려고 한다.

이기적 편향성을 어떻게 관리할 수 있을까? 첫째, 우리는 이런 편향성을 이해해야 한다. 과거의 성공에서 미래의 성공을 너무 자신 있게 추정하거나 패배의 원인을 돌리는 데 신중해야 한다. 당신은 아마 스스로 생각하는 것만큼 현명하지도 불운하지도 않을 것이다. 둘째, 당신의 타고난 성향에 도전하는 연습을 하라. 예를 들어, 어떤 일이 잘 되면 이렇게 자문해 보자. '어떤 예기치 않은 요인 때문에 이런 일이 일어났을까?' 어떤 일이 잘 안 되면 이렇게 질문해 보자. '내가 어떻게 했기에 일이 이렇게 되었을까?'

의사결정 Tip

- 이기적인 편향성을 인식하라.
- 부정확한 귀인을 하는 우리의 타고난 성향에 도전하라.

chapter 28

신기함이 없어지다

적응 편향성

> 돈으로 행복을 살 수 있다고 생각하는 사람을 보여 주세요.
> 그럼 제가 단 한 번도 돈을 많이 벌지 못했던
> 사람을 보여드리겠습니다.
> —D. 게펜D. Geffen

내 친구 중 한 명은 늘 파텍 필립Patek Philippe 시계를 사는 것에 대해 이야기하곤 했다. 고급 보석 상점을 지날 때마다 그는 안으로 들어가 파텍 제품들을 살펴보았다. 그가 2만 2천 달러를 주고 골든 일립스 모델을 샀을 때도 나는 그다지 놀라지 않았다. 그의 회사는 상장되었고 그가 가지고 있던 스톡옵션은 이제 수백만 달러의 가치가 생겼기 때문이다. 그는 내게 이렇게 말했다. "내 목록의 첫 번째는 내려가서 꿈의 시계를 사는 거야."

나는 몇 주 전에 그 친구를 다시 만났다. 그는 두 달 전에 '꿈의 시계'를 샀다. 나는 그에게 얼마나 좋으냐고 물었고, 그는 내게 이렇게 말했다. "스티브, 이건 그저 시계야. 손목에 차고 있으면 시간을 알려주지. 나는 이게 내 인생을 바꿔 줄 거라고 상상했어. 사실 나는 이 시계를 소유한 지금보다 이 시계에 환상을 품었던 지난 몇 년간이 더 즐거웠던 것 같아."

내 친구가 파텍 필립을 구입하기로 한 결정 뒤에는 적응 편향성이 뒤따랐다. 적응 편향성이란 우리가 어떤 새로운 것에 열광하고 흥분하더라도 그 신선함은 시간이 지나면서 감소한다는 것이다.[1] 우리가 어떤 새로운 것에 아무리 즐거워하더라도 그것이 오래 지속되기는 어렵다. 이와 마찬가지로 어떤 차질이 생겨 실망하게 되더라도 대개 오래 가지는 않는다. 그러나 불행하게도 우리가 의사결정을 할 때, 적응 편향성을 무시해 예측이 자주 빗나가기도 한다. 우리는 승진에서 누락되었을 때의 실망감 또는 일생의 사랑을 만났을 때 느끼는 들뜬 기분이 실제보다 더 오래 지속될 것이라고 생각한다.

적응 편향성을 보여 주는 가장 훌륭한 예 중 하나는 복권 당첨자의 반응이다.[2] 대부분의 사람들은 수백만 달러짜리 복권에 당첨되면 자신의 인생이 영원히 더 나은 방향으로 변화될 것이라고 생각한다. 연구 결과에 의하면 그렇지 않은 경우도 종종 있다. 자주 인용되는 일리노이 주 복권 당첨자에 대한 연구에서는 22명의 당첨자와 22명의 비당첨자를 대상으로 행복 수준을 비교하였다.[3] 예상대로 복권 당첨자들의 전체 행복 수준은 당첨되었을 때 최고 수준으로 높아졌다. 하지만 몇 개월 후에는 당첨되기 이전의 수준으로 되돌아왔다. 다시 말해서 복권 당첨자들은 비당첨자들보다 단기긴 내에 더 행복하지 않은 수준으로 되돌아갔다. 사실 '엄청난 행운'을 누렸던 복권 당첨자들이 비참하게 된 사례는 매우 많다.[4]

적응 편향성은 장기적으로 볼 때 우리의 행복 수준은 정상 상태로 회귀하는 경향성이 있다는 것을 밀해 준다. 우리는 모두 기본적인 행복의 기준을 가지고 있다. 행복하거나 불행한 경험의 영향은 시간이 지남에 따라 소멸되고 기준 수준으로 돌아가려 한다. 승리의 희열도 패배의 쓰라림과 마찬가지로 짧다. 그래서 우리는 좋은 일이 일어났을 때 우리가 생각했던 것처럼 행복하지 않고, 나쁜 일이 일어났을 때에도 우리가 예상했던 것만큼 슬프지 않은 것이다.

> 승리의 희열도 패배의 쓰라림과 마찬가지로 짧다.

적응 편향성은 우리의 결정에 의한 기쁨을 최대화하고 실망을 최소화할 수 있는 방법에 대해 가치 있는 통찰을 제시해 준다. 신기함은 곧 없어진다는 것을 인정하라. 좋은 결과와 나쁜 결과에 대한 당신의 반응은 둘 다 오래 지속되지 않는다. 이러한 사실에 근거하여 다음의 네 가지를 제안한다.[5] 첫째, 새롭고 일시적인 즐거움에 초점을 두면 더 많은 행복을 누릴 수 있다. 한 번의 2주간의 휴가보다 네 번의 사흘짜리 휴가를 선택하라. 새로운 레스토랑을 가 보고, 새로운 휴가지와 새로운 여행지에 가 보라. 둘째, 느긋하게 즐겨라. 어떤 것이 즐길 만하다고 여겨지면 그 즐거움을 분산시키고 연장시켜라. 나는 글쓰기를 좋아한다. 그래서 넉 달에서 다섯 달 정도면 완성할 수 있는 책을 일부러 1년을 들여 쓴다. 셋째, 불쾌한 과업이나 활동들은 빨리 해치워라. 많은 사람들이 생각하는 것과 달리 불쾌한 어떤 것을 연장하는 것은 불쾌함을 줄여 주지 못한다. 거즈가 붙은 반창고를 천천히 떼기보다 빠르게 떼어내면 통증을 덜 느낄 수 있다. 부엌을 리모델링하는 데 따르는 귀찮은 일들에 넌덜머리가 난다면, 시간표를 쥐어짜고 신속하게 결정하고 넘어가라. 마지막으로, 즐거운 경험을 하고 있을 때는 중단되지 않게 하고 불쾌한 작업을 할 때에는 휴식을 집어넣는가? 우리 대부분은 그렇게 한다. 그러나 연구 결과는 우리가 생각하고 있는 것과 반대로 나타났다. 즐거운 경험을 누리는 기쁨은 그 경험을 방해하는 것에 의해 오히려 증가한다.[6] 마찬가지로, 불쾌한 경험을 방해하는 것은 짜증만 더 늘릴 뿐이다. 즐거운 경험을 방해하는 것은 즐거운 일을 더 연장하는 것이다.

의사결정 Tip

- 신기함은 곧 없어진다는 것을 인정하라.
- 계속해서 새롭고 일시적인 즐거움에 도전하라.
- 즐거운 활동은 느긋하게 즐겨라.
- 불쾌한 활동은 신속하게 해치워라.
- 즐거운 경험을 중단시키게 되면 즐거움은 더욱 커진다.

chapter 29

나는 언제나 그것을 알고 있었다

사후예견성 편향성

사후예견성은 정확한 과학이다.
― G. 벨라미 | G. Bellamy

대런과 제니는 프랑스로 처음 여행을 갔다. 파리에서 일주를 보낸 후, 자동차를 빌려 5일간의 르아르 계곡 여행을 시작했다. 대런은 제니의 안내대로 운전하기로 했다. 제니는 몇 장의 지도와 자신의 영불사전을 가지고 여정에 대한 계획을 세우기 시작했다. 그러나 파리에서 떠난 지 1시간이 되지 않아 두 사람은 첫 번째 기착지인 몽트리샤로 가는 길을 찾는데 어려움을 겪게 되었다. 이들은 휴게소에 차를 대놓고 함께 지도를 연구했다. 아무것도 알 수 없었다. 제니는 그들이 N20 도로로 가야 한다고 생각했다. 대런은 확신하지 못했다. "이 지도는 확실하지 않아"라고 대런이 말했다. "나는 잘 모르겠어. 그런데 N152 도로 표지가 있는 길로 가는 것이 좋겠어." 제니는 계속해서 N20 도로를 주장했다. 대런은 마지못해 동의하고, 제니의 제안을 따랐다. 1시간 30분 후 이들은 마침내 몽트리샤에 도착했다. 호텔에서 체크인을 하면서, 대런은 호텔 관리인에게 자신들이 어떻게 길을 잃었으며, N20 도로로 오는 것이 얼마나 어려웠는지에 대해 이야기했다. 그러자 관리인은 N152 도로로 왔다면 시간이 반밖에 걸리지 않았을 것이라고 설명했다. 대런은 제니를 돌아보며 큰 소리로 말했다. "내가 맞았어! N152 도로가 맞다고 이야기했는데, 너는 내 말을 들으려 하지 않았어." 제니는 머리를 흔들며 조용히 중얼거렸다. "그래, 대런, 지금은 네 말이 맞아. 그렇지만 몇 시간 전에는 확실히 몰랐잖아!"

대런의 행동이 바로 사후예견성 편향성hindsight bias*의 예다. 사후예견성 편향성은 어떤 사건의 결과가 실제로 알려진 후, 우리가 그 결과를 정확하게 예측했다고 생각하는 경향을 말한다.[1] 어떤 일이 일어나서 우리가 그 결과에 대해 정확히 알게 되었을 때, 우리는 흔히 이러한 결과가 비교적 분명했다고 결론내리게 된다. 이런 경우는 광범위한 활동에 적용된다. 예를 들면, 많은 사람들이 게임 전날보다 게임이 끝난 다음날 어느 팀이 슈퍼볼에서 필연적으로 승리할 것인가에 대해 보다 확신을 가지는 것 같다.[2]

사후예견성 편향을 어떻게 설명할 것인가? 우리는 불확실한 사건의 실제 결과를 알기 전에는 그 사건이 우리에게 어떻게 일어났는지 잘

---

*   hindsight bias에 대한 번역어도 여러 기지로 사용되고 있다. 후긴긍정 편향, 과거사에 대한 과신 편향, 과거사의 예측 가능성에 대한 과신 편향, 사후인지 편향, 때늦은 지혜의 편향 등으로 번역된다. 그러나 어느 것도 간결하거나 의미 전달이 분명하지 않다. 의미 전달을 고려한다면 hindsight는 '사후예견성에 대한 과신'이라는 번역어가 더 근접하지만 단순 명료성을 고려하여 '사후예견성'으로 번역하였다.

어떤 일이 일어나서 우리가 그 결과에 대해 정확히 알게 되었을 때, 우리는 흔히 이러한 결과가 비교적 분명했다고 결론내리게 된다.

이해하지 못한다. 반면, 시건 이후에 알게 된 것을 기초로 하여 사전에 알았던 것을 과대 평가함으로써 과거를 재구성하는 데에는 숙련되어 있다. 따라서 사후예견성 편향은 선택적 기억과 이전의 예측을 재구성하는 능력 모두의 결과로 보인다.[3]

사후예견성 편향성이 어떻게 작용하는가에 대한 예는 클린턴 대통령 탄핵 공판 기간 동안 대학생들을 대상으로 한 실험에서 증명되었다.[4] 34명의 학생들은 클린턴이 유죄 또는 무죄 선고를 받을지에 대한 가능성을 평결 22일 전, 평결 3일 전, 평결 4일 후, 평결 11일 후의 네 시점에서 추정해 보라는 질문을 받았다. 이 네 기간에 대한 개별 응답을 비교한 결과, 학생들의 추정은 시간이 지나면서 바뀐 것으로 밝혀졌다. 평결 4일 후 학생들은 유죄 가능성에 대한 자신들의 추정이 시간이 지나면서 좀 더 분명해졌다고 정확하게 회상했다. 그러나 일주일 후 이들은 모두 클린턴이 유죄 선고를 받지 않을 것을 확신했다고 생각했다. 다시 말해서, 학생들은 자신의 예전 추정을 사건의 결과에 맞게 재구성했다.

사후예견성 편향성은 과거에서 뭔가를 학습하는 우리의 능력을 감소시킨다. 우리가 실제보다 좀 더 예측을 잘한다고 생각하게 하며, 미래 의사결정의 정확성에 대해 좀 더 확신을 갖게 한다. 예를 들면, 실제 예측의 정확도는 40%지만 당신이 90%라고 생각하면, 당신은 예측 능력에 대해 지나치게 확신한 것이고 예측 능력에 대한 주의력이 떨어질 가능성이 많다.

　앞에서 지적한 대로, 편향성에 대해 자각하는 것만으로도 실수나 편향성을 충분히 감소시킬 수 있다. 불행히도 이는 사후예견성의 경우에 해당되지 않는 것 같다.[5] 선택적 기억의 힘과 과거를 재구성하는 능력은 너무나 강력하다. 그렇다면 당신이 할 수 있는 일이 있는가? 사후예견성 편향성을 줄이는 가장 효과적인 방법은 어떤 사건의 결과가 왜 다르게 나타났는가에 대한 대안적 원인을 찾는 것이다.[6] 예를 들어 클린턴 대통령이 무죄 선고를 받을 것이라고 예측했다면, 그가 왜 유죄 선고를 받았는지에 대해 생각하려고 노력하라. 스스로 차선의 결과를 찾을 수 있도록 지속적으로 도전함으로써 사후예견성 편향성을 줄일 수 있다. 만약 당신이 어떤 사건을 일으킨 것으로 판명된 이유들만을 살펴본다면, 그 결과의 불가피성에 대해 과대 평가하게 되고, 실수를 통해 학습할 기회를 상당 부분 놓치게 된다는 것을 기억하라.

의사결정 Tip

- 사후예견성 편향에 대해 자각하는 것만으로는 편향성의 영향을 줄이기에 충분하지 않다.
- 결과가 다르게 나타나게 된 대안적 원인을 스스로 생각하라.

어머니도
주지 못하는
충고

DECIDE & CONQUER

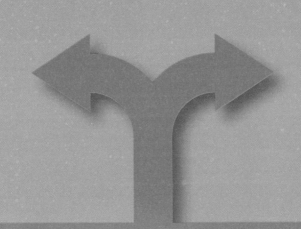

어떠한 궤변도
당신의 모든 지식은 과거에 대한 것이고,
당신의 모든 결정은 미래에 대한 것이라는
두 가지 사실을 결합시키지 못한다.

chapter 30

분명한 목표와 선호

한층 더 쉬운 선택

만일 당신이 어디로 가고 있는지 모른다면,
모든 길이 아무런 의미가 없을 것이다.
—H. 키신저 H. Kissinger

디 무어는 자신이 새로 발견한 의사결정 기술에 자부심을 갖고 있었으며, 그녀의 남편도 마찬가지였다. 하지만 디 무어가 식당에 들어가 무엇을 먹을지 결정하는 데 15분 이상을 보내자 주변의 어느 누구도 더 이상 그녀와 식당에 가지 않으려 했다. 디 무어는 빨리 결정을 내리는 새로운 능력은 목표에 초점을 맞추는 데 있다고 생각했다. 그녀는 "나는 이것이 어리석게 보인다는 것을 알고 있어. 하지만 무엇을 먹고 싶은지에 대해 미리 생각하지도 않고 식당에 간 것이 문제라는 것을 깨달았어. 그래서 모든 메뉴를 신중하게 꼼꼼히 살펴봐야 한다고 생각했지"라고 말했다. 새롭게 목표 지향적이게 된 디 무어는 식당에서 주문할 때 그녀가 바꾼 방법을 설명했다. "이제 나는 어떤 곳에 갈 때 사전에 무엇이 먹고 싶은지, 무엇이 먹기 싫은지에 대한 생각을 하고 갈 거야. 그러면 나는 '쇠고기나 닭고기는 싫고 매운 걸 먹고 싶어' 혹은 '가볍게 먹고 싶어. 야채를 낳이'라고 말할 수 있을 거야. 이 방법으로 너는 메뉴에 있는 상당히 많은 항목을 재빨리 삭제할 수 있을 거야."

디무어는 직업 자문 및 재정 고문이 수십 년 동안 설교한 것에 대해 알게 되었다. 목표를 갖게 된 것이다. 분명하고 일관성 있는 목표가 없으면, 적절한 시기에 합리적인 결정을 하는 데 어려움을 겪게 될 것이다. 게다가 일관성 없는 결정을 하는 것처럼 보이는 사람이나 어떤 결정을 내리기 전에 시간을 지체하는 사람을 만나면, 분명한 목표가 없다는 것에서 문제를 추적할 수 있다. 우리는 식당에서의 음식 주문 같은 보통의 결정이나 직업 선택 같은 중요한 결정에 상관없이 분명한 목표를 갖지 못하면 언제나 실망스러운 결과를 얻게 된다.

합리성은 필연적으로 일관성을 포함하며, 분명한 목표에는 일관성이 필요하다. 내 친구 중 하나는 지난 10년 동안 여섯 가지의 각기 다른 직업을 가졌었다. 소매 대리점에서 휴대전화를 판매했고, 트레이닝 세미나를 지도했으며, 고등학교에서 임시 교사로 근무했고, 카메라를 수리하기도 했다. 그는 마흔여섯 살이고, 영어학 학위와 미술 석사학위를 갖고 있지만 분명 길을 잃은 것이다. 친구는 나에게 말하기를, 자신이 무엇을 하고 싶은지 모르겠다는 것이다. 그는 자신이 무엇을 잘하는지조차 확실히 모른다. 분명한 목표가 없었기 때문에 그가 들어 본 모든 직업을 적극적으로 추구하는 데 많은 시간을 낭비한 것이다. 겨우 자격을 갖추었을 때조차도 그랬다. 그러는 동안 그를 고용하려는 사람들은 그의 일관성 없는 경력을 보고 고용을 취소했다. 목표와 일관성에 가치를 부여하는 사회에서, 내 친구는 그의 불분명한 직업 경로로 인해 취업의 기회가 차단되었다.

　미리 계획을 세우지 못하는 것은 효율적인 의사결정을 저해하는 단일 요인이자 최대의 장애물이다.[1] 대부분의 사람들은 바로 앞을 내다보는 데에도 어려움을 겪는 것 같다. 이런 경향은 재정 문제와 관련된 결정에서 가장 분명하게 나타난다. 제15장 '나는 이것을 원해, 그리고 지금 당장 원해!'에서 지적한 것처럼, 사람들은 신용카드의 적자가 생각보다 금방 늘어난다는 것을 쉽게 알아차릴 수 있다. 즉각적인 욕망을 충족시키려는 그들의 욕구가 장기적으로 어떤 의미를 지니는지 잘 알지 못하기 때문에 그와 같은 결과를 초래하게 한다. 또 많은 사람들은 은퇴에 대비해 저

> 미리 계획을 세우지 못하는 것은 효율적인 의사결정을 저해하는 단일 요인이자 최대의 장애물이다.

축하는 것이 불가능하다는 것을 알게 된다. 그 결과 '복권 심리'를 갖고 있는 사람들이 엄청나게 많아졌다. 이들은 복권에 당첨되고, 주식 시장에서 크게 한몫 보고, 한 재산을 물려받고, 엄청난 법정 소송에서 승리하는 데 자신의 미래를 건 사람들이다.

　우리 모두는 알고 있는 사실에 대한 편향성을 갖고 있다. 우리는 대안을 평가할 때 무형의 모호한 선택을 하는 대신 좀 더 구체적이고 생생한 것에 많은 비중과 대의를 부여하는 경향이 있다.[2] 즉각적인 만족을 주는 도넛의 힘과 장기간에 걸쳐 얻어지는 만족인 체중 감량이 그 예다. 이런 편향성은 우리에게 목표가 왜 있어야 하는가를 분명하게

실명해 준다. 목표기 없으면 생각이 짧아지고, 비교저 화실한 결과를 제공하는 대안에 초점을 맞추며, 장기적인 결과를 평가절하하게 된다.

목표를 설정하고 지속시키는 데 왜 그렇게 많은 어려움이 있는가? 갈등 때문이다. 갈등은 순수한 합리적 의사결정 과정과는 관련이 없다. 합리적 의사결정에서는 단순히 우리가 최상의 가치를 제공하는 대안을 선택한다고 가정한다. 그러나 현실에서는 갈등 때문에 의사결정에 어려움을 겪는 경우가 종종 있다. 최상의 가치를 제공하는 대안이 무엇인지가 항상 분명하게 드러나는 것은 아니다. 예를 들면, 이익 대신 비용을, 가치 대신 모험을 어떻게 받아들이며, 미래의 불편함과 즉각적인 만족을 어떻게 맞바꾸겠는가?[3] 만일 한 가지 대안이 중요한 측면에서 다른 것에 비해 월등하다면 갈등은 없을 것이고 선택은 쉽다. 그러나 그런 경우는 거의 없다. 예를 들면, 어떤 잠재적 배우자도 완벽한 사람은 없다. 당신은 데이트하는 사람의 성격과 지능, 신체적 외모, 관심사, 가치관, 재정 상태, 기타 적절한 기준을 고려한다. 그런 다음 어떤 기준이 다른 기준보다 더 중요한지 결정하고 경중을 절충한다. 핵심은 목표가 분명하면 분명할수록 갈등을 해소하고 절충하는 것이 그만큼 더 쉬워진다는 것이다. 직업을 선택하는 데 있어 어려움을 겪는 내 친구처럼, 당신이 배우자를 찾는 데 목표와 우선순위를 갖고 있지 않으면, 또다시 수많은 대안들이 있는 것처럼 보일 것이다.

만일 여러분이 무엇을 성취하고 싶은지 모른다면, 합리적인 결정을 하는 것 자체가 어렵다. 따라서 여러분은 자신의 목표와 선호에 대해 알고 있어야 한다. 가치관과 우선순위를 평가하는 것에서 시작할 수 있다. 여러분에게 중요한 것은 무엇인가? 사회적 압력과 사회적 기준의 영향을 받지 말라. 자신의 내면을 들여다보고 여러분을 행복하게 하는 것이 무엇인지 생각해 보라. 예를 들면, 주변 사람들이 성공은 얼마나 큰 집을 소유하고 있느냐를 의미한다고 해서 그것이 여러분 자신의 '성공에 대한 정의'가 되는 것은 아니다. 여러분은 도시생활의 편안함과 여행이 편리한 도심의 아파트에서 가장 행복할 수도 있다. 가치관과 우선순위를 알고 난 후에 목표를 정할 수 있다. 1년 뒤에 무엇이 되고 싶은가? 10년 뒤에는? 30년 뒤에는? 목표 설정이 보다 분명하고 구체적일수록 여러분의 결정이 여러분을 그 목표로 유도하고 있는지에 대한 평가가 더 쉬워진다. 또 해당 목표에서 멀어지게 하는 대안을 제거하는 것이 그만큼 더 쉬워진다. 마지막으로 당신의 목표와 관련하여 대안이 일관성 있는지 정기적으로 점검하라. 당신은 궤도에 머무르고 싶을 것이다. 그러려면 당신의 결정이 일관성 있게 목표에 더 가까워지도록 기여하고 있는지 자주 점검해 봐야 한다.

의사결정 Tip

- 여러분의 가치관과 우선순위를 알라.
- 여러분의 목표를 알라.
- 여러분의 목표와 관련하여 해당 대안이 일관성 있는지 점검하라.

chapter 31

때로는 아무것도 하지 않는 것이
최선의 선택이다

뭔가 하려 하지 말고 그 자리에 가만히 있어라!
— M. 가벨 *M. Gabel*

토드와 짐은 형제다. 둘 다 30대 초반이고 공통적으로 강한 흥미를 가진 한 분야가 있다. 형제들은 주식시장에서 거래하는 것을 좋아했다. 그러나 공통의 흥미 이전에 그들은 매우 다른 정서적 특성을 가지고 있었다. 형인 토드는 냉정하고 침착했다. 짐은 공격적이고 위험을 감수하는 성격을 가진 '거친 사나이'였다. 그들은 '8월의 학살'이라고 표현하는 사건에서 당연히 서로 다른 반응을 보였다.

20 11년 8월 8일, 다우존스 지수는 634포인트가 빠진 5.5%의 하락세를 보였다. 이틀 뒤 또다시 519포인트, 4.6%가 하락했다. 시장은 마치 자유낙하하는 것처럼 보였고 투자 포트폴리오들은 학살당하고 있었다. 짐과 토드도 막대한 손실을 입었다. 짐은 자산관

리자에게 전화를 걸어 모든 보유 주식을 매각하라고 주문했다. 짐은 더 큰 손실을 두려워한 나머지 모든 금융전문가들이 절대로 빠지면 안 된다고 말하는 공황상태에 빠진 것이다. 토드의 손실 역시 만만치 않았지만 지금은 매각할 타임이 아니라고 이성적으로 판단했다. 폭락을 미리 예측하고 몇 주 전에 매각했으면 좋았을 것이라고 생각했지만, 토드는 보다 진정된 국면에서 의사결정을 내릴 수 있을 때까지 기다려야 한다고 판단했다.

그 후 18개월이 빠르게 흘렀다. 2011년 8월에 급격한 하락을 겪은 시장은 회복하기 시작했다. 2013년 2월까지 시장은 31% 반등했다. 토드의 포트폴리오는 이미 모든 손실을 회복하고 오히려 상당한 이익을 나타내고 있었다. 그동안 짐은 시장이 회복되는 것을 그저 지켜보면서 그때 아무것도 하지 않았다면, 공황상태에 빠지지 않았다면 좋았을 것이라고 생각했다. 그는 공황상태에 빠짐으로 인해 값비싼 대가를 치렀다.

때로는 아무것도 하지 않는 것이 최선의 선택이다. 그렇다면 언제가 그럴 때인가? 아무것도 하지 않는 것은 제14장 '내일 할 수 있는 일은 절대로 오늘 하지 마라'에서 이야기했던 미루는 버릇과는 어떻게 다른가? 두 번째 질문부터 살펴보자.

기억하고 있겠지만, 미루는 버릇이란 해야 할 일을 미루는 성향을 말한다. 어떤 일을 해야 하는 의두는 있지만 구실을 대고 그 의도와는 반대로 행동하는 것이다. 이와 대조적으로 아무것도 하지 않는 것은 변화를 피하기 위한 능동적이고 계획적인 노력이다.[1]

의사결정에 관한 많은 문헌에서는 관성에 의한 것은 바꿔주는 것이 좋다고 이야기한다. 대개의 경우, 변화를 두려워하고 변화를 피하려는 의사결정자들은 부정적으로 평가된다. 사실 인류에게는 어떤 것들을 있는 그대로 두려는 생득적인 편향성이 존재한다는 상당한 증거가 있다. 그리고 이러한 편향성은 기회의 상실이나 악화를 의미할 수도 있다.[2] 다가오는 헤드라이트를 쳐다보며 그 자리에 얼어붙어 버리는 사슴들은 때로 죽음에 이르게 된다. 그러나 여기서 우리가 관심을 가지고 있는 상황은 아무것도 하지 않는 것이 더 나은 행동이 되는 그런 상황이다.

아무것도 하지 않는 것이 더 나은 전략이 되는 때는 언제인가? 다음 네 가지 상황을 들 수 있다. 첫 번째, 감정이 고조되어 있을 때다. 제26장 '전쟁터 한복판에서 이성을 잃는 것'에서 배운 바대로, 우리는 공포, 분노, 기쁨, 또는 이와 유사한 감정에 의해 이성이 가려질 때 종종 의사결정의 오류를 저지르게 된다. 두 번째는 위기 상황에서다. 한 의사가 수술을 권할 때 (자신이 수술 여부를 결정하지 않고) 다른 의사의 진단을 받아보는 것은 자신이 전략적 의사결정을 하지 않는 사례. 세 번째 상황은 정보가 부족할 때다. 다른 선택권들의 장점을 살펴볼 수 있는 충분한 정보가 없을 때는 가만히 있는 것도 나쁜 선택은 아니다. 모르는 것을 아는 것으로 대체하는 것이다. 마지막으로 의사결정을 내리는 데 압박감을 느끼고 있다면 외면하고 떠나는 것이 오히려 좋은 결정이 될 수 있다. 압박감을 느끼는 가운데 내려진 결정들은 차분한 국면에서 돌아보면 때로 후회될 일을 만들곤 한다.

미국은퇴자협회 매거진 최신 기사는 공동사용형 리조트 영업사원과 대면하고 있을 때는 아무것도 하지 않는 것이 더 나은 행동이라고 설명했다.[3] 이러한 상황은 주의해야 할 세 가지 특성들을 가지고 있기 때문이다. 감정적인 면, 정보의 부족, 압박이 그것이다. 당신은 영업사원에게 90분 동안 압박감을 느끼는 가운데 내려진 결정들은 차분한 국면에서 돌아보면 때로 후회될 일을 만들곤 한다.

공동사용형 리조트에 대한 설명을 들어주는 대가로 무료 식사권 또는 무료 숙박권과 같은 선물세트를 제공하겠다는 제안을 받았을 것이다. 리조트 영업사원은 당신이 '당장 행동act now'하게 하도록 훈련 받았으며 당신이 제기하는 어떤 의구심에도 공식화된 반박을 할 수 있도록 교육 받았다. 그들은 당신의 감정을 이용한다. 그리고 당신이 공동사용형 리조트의 진정한 가치를 이성적으로 계산해 보거나, 계속 비용이 발생하는 돈 구덩이가 되지 않을까 생각해 보기 전에 서명란에 사인하기를 원한다. 영업사원들은 공동사용형 리조트 소유자의 절대 다수가 자기가 구입한 그 어떤 것도 팔지 못하고 평생 동안 일주일씩의 휴가를 위해 2만 달러를 투자했는데, 이베이나 셀마이타임셰어나우닷컴SellMyTimeShareNow.com에서는 그보다 더 낮은 가격으로 이용할 수 있다는 것을 당신이 이리저리 조사하여 알게 되길 원치 않는다. 이것이 바로 행동이 심각한 후회를 가져오게 할 수 있고, 아무것도 하지 않는 것이 올바른 결정임을 증명하는 고전적인 상황이다.

우리가 내린 결론은 사회와 언론이 변화에 대해서는 따뜻한 말을 하고 현재의 상황을 유지하고자 하는 사람에게는 언짢은 말을 한다 하더라도 현 상태에 머물러 있는 것이 더 나은 선택이 될 때가 있다는 것을 인식하라는 것이다.

의사결정 Tip

- 현 상태 유지를 선택하는 것도 효과적인 행동이 될 수 있다.
- 감정이 고조되어 있을 때나 위기 상황일 때, 정보가 부족하거나 선택의 압박
감을 느낄 때는 아무것도 하지 않는 쪽을 택하는 것이 더 나을 수 있다.

chapter 32

결정하지 않는 것도 역시 결정이다

너무 크고 복잡해서 도망갈 수 없는 문제는 없다.
—C. 슐츠 C. Schulz

신디 탱은 물었다. "세월은 어디로 갔을까?"라고. "학교를 졸업하고, 검안사로 안과센터에서 일한 것이 마치 어제 같은데. 세월은 흘러가고, 동료들이 들어오고 나갔어. 나는 가끔 다른 일자리를 찾아볼까 생각했지만 결코 실행에 옮기지 못했지. 그래서 나는 여기 있는 거야. 모든 직장 생활을 같은 곳에서 같은 고용주를 위해 일해 왔어."

"나는 25회 대학동창회에서 방금 돌아왔다. 대학교 4학년 때 룸메이트였던 수는 직업을 세 번이나 바꿨고, 대여섯 곳의 도시에서 살았다고 한다. 여학생 클럽의 회원 몇 명은 각기 열두 가지 직업을 가졌고, 승승장구 승진했어. 그들의 모든 경험은 정말 놀라워. 내가 뭔가 잘못한 것일까? 기회를 놓친 것일까? 변화를 두려워했을 끼?"

　만약 앞 장에서 논의한 대로 현 상태를 유지하는 것이 하나의 효과적인 전략이 될 수 있다면, 현 상태를 유지하는 것도 역시 하나의 결정인 것은 당연한 결과다.

　신디 탱은 무위^{omission}의 오류[*]를 범했다. 그녀는 의사결정 과정이 변화를 수반하는 적극적인 선택들만을 다루는 것이 아니라는 점을 결코 깨닫지 못했다. 아무것도 하지 않는 것도 결정이다. 그것은 현 상태를 유지하겠다는 결정이다. 다른 일자리를 알아보지 않거나 발전의 가능성을 추구하지 않은 그녀의 결정은 친구들이 적극적인 결정으로 그들의 경력을 쌓은 것과 마찬가지로, 매번 조금씩 그녀의 경력을 쌓아온 것이다. 앞에서 우리는 아무것도 하지 않기로 한 이유를 생각해 보았다. 이 장에서는 아무것도 하지 않는 것의 결과를 다루려고 한다.

　당신은 두 가지 길 중 어느 한 길을 따라가면 현 상태를 유지할 수 있다. 한 가지는 적극적이고, 다른 한 가지는 수동적이다. 당신은 현재의 상태를 합리적으로 평가하고, 대안을 파악하며, 대안의 장단점을 신중하게 검토하고, 어떤 새로운 대안도 현재 가고 있는 길보다 더 낫지 않다는 결론을 내릴 수 있다. 여기서 적극적인 접근 방법은 합리적인 의사결정과 일관성이 있다. 그러나 여기서의 관심사는 수동적인 접근 방법이다. 다른 대안에 대해 생각해 보지 못했기 때문에 현재의

---

* 　어떤 대안이 존재하는데도 이를 인식하지 못해 마치 대안이 없는 것처럼 판단하는 경우를 말한다. 단지 게으름 때문만이 아니라면 어떤 결정을 하지 않는 것도 하나의 선택 대안일 수 있다. 그런데도 사람들은 마치 그것이 선택 대안이 아닐 뿐더러 그럴 수도 없다는 식으로 판단하고 행동한다.

길을 따라가는 것이다.

경험이 없는 의사결정자는 게으름이라는 덫에 사로잡힐 수 있다.[1] 이런 일이 일어나는 원인에 대해 몇 가지로 설명할 수 있다. 하나는 변화에 대한 두려움이다. 많은 사람들은 현재의 상태가 아무리 나쁘다고 할지라도, 적어도 그 상태가 어떠한 것인지는 알고 있다. 변화는 많은 사람들을 놀라게 할 수 있는 미지의 요소를 부과하는 것이다. 두 번째 설명은 현 상태에 대한 만족이다. 많은 의사결정자들은 변화에 대해 동기 부여를 받지 못했기 때문에 아무것도 하지 않는다. 세 번째는 그저 게으름이다. 아무것도 하지 않는 것은 저항이 가장 적은 길이다. 이런 사람들은 대개 조직화되어 있지 않고, 합리적인 선택을 하는 데 필요한 '발품legwork'을 팔려 하지 않는다. 네 번째는 무지다. 사람들은 다른 길을 추구하는 것에 대해 결코 많이 생각하지 않기 때문에 아무것도 하지 않는다.

> 역사는 수동적인 무위로 볼 수 있는 의사결정의 실수들로 가득 차 있다.

역사는 수동적인 무위로 볼 수 있는 의사결정의 실수들로 가득 차 있다. 예를 들면, 1930년대 미국은 독일이 전쟁 능력을 쌓아가는 것을 지켜만 보고 있었다. 미국이 어떤 행동을 취하려고 했을 때, 독일은 이미 제2차 세계대전을 일으킬 만한 힘이 완성되어 있었다. 1980년대에 시어즈와 케이마트 같은 거대 소매업체들은 월마트의 급속한 확장에 대해 아무런 주의도 기울이지 않았고, 어떠한 조치도 취하지 않았다. 그들이 어떤 조치를 취해야겠다고 결정했을 때는 너무 늦었다. 월

마트는 이미 그들의 고객 상당수를 빼앗아 가버렸다. 그리고 서점 체인인 보더스는 인터넷을 그저 스쳐 지나가는 트렌드로 취급하고 e-북과 e-리더스의 등장에 대처하지 못하는 스스로의 소매 전략에 발이 묶여 폐업하게 되었다. 그 사이, 아마존은 더 편리한 온라인 서점을 제공하고 자사의 킨들 e-리더를 적극적으로 홍보하여 고객을 빼앗았다.

국가와 기업에 적용되는 것은 개인에게도 적용된다. 우리는 적극적인 의사결정을 취함으로써 뭔가 좀 더 나은 방향으로 변화시킬 수 있다 해도 기존에 해 왔던 일련의 행동을 지속한다. 우리는 결코 금연에 직접 맞서지 않기 때문에 계속해서 담배를 피운다. 또한 우리는 생명보험이 제공하는 이점에 대해 신중하게 생각해 본 적이 없기 때문에 생명보험에 가입하지 않는다. 우리는 결코 건강 검진을 하지 않는다. 우리가 의도적으로 병원에 가는 것을 피하기 때문이 아니라 '신체검사를 받는 것'에 대한 결정을 결코 생각해 본 적이 없기 때문이다.

아무것도 결정하지 않는 결정에 어떻게 맞설 수 있는가? 첫 번째 단계는 자각이다. 여러분이 결정을 무시한다고 해서 결정에서 벗어날 수 있는 것은 아니다. 그렇게 하는 것은 단순히 여러분이 현재 가고 있는 길을 계속 따라가기로 결정한 것이다. 그 길은 여러분이 원한 것일 수도 있지만, 영민한 의사결정자라면 변화를 주는 것도 비용이 들지만 현상을 유지하는 데도 비용이 든다는 것을 알고 있다. 여러분은 또한 현재의 상태에 대해 직접 이의를 제기할 필요가 있다. 단순히 아무것도 하지 않는 것도 일종의 결정이라는 것을 아는 것만으로는 충분하지 않다. 가끔 여러분이 현재 서 있는 길과는 다른 새로운 길을 추구하지 말아야 하는 합리적인 이유가 있어야 한다. 현재 직장에서 행복한가, 인간관계는 만족스러운가, 그다지 만족스럽지 못한 습관을 가지고 있는가, 만일 여러분이 과거에 한 선택이 오늘 하고 싶은 선택과 같은 것인가등등의 문제에 대해서 고민하지 않고 나서서 맞서지 않는다면 당신의 삶은 향상될 수 없다. 이를 결정하려면, 적극적인 결정을 해야 한다. 합리적인 의사결정 과정(제2장 참조)의 첫 번째 단계는 문제를 파악하고 정의하는 것임을 명심하라. 그리고 문제가 있을 수 있는데 그것이 분명하지 않다면, 문제 혹은 질문을 찾아낼 필요가 있다. 흥미로운 사실은, 여러 연구 결과에 따르면 사람들은 단기적인 관점에서 자신이 취한 행동을 후회하지만, 장기적인 관점에서는 무위에 대해 더 많은 후회를 하게 된다는 것이다.[2] 마지막으로 무위의 비용을 생각해 보라. 우리는 너무 자주 변화에 관한 위험에만 초점을 맞춘다. 아무것도 하지 않는 것의 위험을 충분히 이해하게 된다면, 아무런 행동도 취하지 않는 무위의 결정에 사로잡힐 가능성은 그만큼 적어진다.

의사결정 Tip

- 아무것도 하지 않는다는 결정은 현 상태를 유지하겠다는 결정이다.
- 현재의 길과는 다른 새로운 길을 추구하면 왜 안 되는지, 정기적으로 자문해 보라.
- 아무것도 하지 않는 것의 비용을 고려하라.

chapter 33

의사결정들은 제각기 분리해서
이루어지지 않는다

어떠한 궤변도 당신의 모든 지식은 과거에 대한 것이고,
당신의 모든 결정은 미래에 대한 것이라는 두 가지 사실을 결합시키지 못한다.
―I. E. 윌슨I. E. Wilson

줄리는 2년 전에 강아지 한 마리를 샀다. 그녀는 오랫동안 강아지를 갖는 것에 대해 이야기해 왔으며, 마침내 한 마리를 사기로 결정했다. 골든 리트리버 종인 '가스'는 몸무게가 거의 45킬로그램이나 나가며, 줄리에게 애정과 동반자적 친구라는 재산을 가져다주었다. 그러나 줄리는 강아지를 기른다는 것에는 몇 가지 부정적인 측면이 있다는 것을 배웠다. 그녀는 작은 뒤뜰에 울타리를 만드는 데 1천2백 달러를 써야 했다. 또한 가스가 뛰어노는 것을 좋아하기 때문에 정기적으로 공원에 데려가야 했다. 손질을 위해 몇 달마다 정기적으로, 그리고 아플 때마다 동물병원에 데려가야 했다. 이외에도 줄리의 활발한 여행 일정은 강아지 돌보는 사람을 고용하거나 가스를 강아지 훈련장으로 데리고 가는 것과 맞춰야 하는 번거로움을 겪어야 했다.

줄리의 경험은 의사결정이 제각기 분리되어 따로따로 이루어지지 않는다는 것을 증명하고 있다. 가스를 사는 것은 수많은 미래의 결정에 영향을 미쳤고, 몇몇 결정에 제약을 부과했다. 당신의 거의 모든 결정은 이전의 결정 때문에 제약을 받고, 미래의 결정을 제한한다. 현실에서의 여러 가지 결정은 서로 연계되어 있고 상호 연결되어 있다.

제2장 '합리성의 추구'에서 설명한 합리적인 의사결정 과정은 단순화된 것이고, 이런 연계를 포착하지 못하고 있다. 합리적인 의사결정 과정은 분리되어 있고 폐쇄적이며, 모든 결정에 분명한 시작과 끝이 있는 서로 분리된 사건이라고 가정한다. 그러나 그것은 현실에서 존재하는 방식이 아니다. 예를 들면, 현재 줄리의 여행 계획은 2년 전 강아지를 사기로 한 결정의 영향을 받고 있다. 아직까지 우리들은 여러 가지 선택 사이의 이러한 연계성을 파악하지 못하고 있다. 우리는 마치 미래의 결정과는 아무런 관계가 없는 것처럼 결정한다. 그것은 잘못이다. 당신이 오늘 이용할 수 있는 선택지들은 과거에 당신이 한 선택들의 결과다.

단일한 결정을 의사결정 흐름의 관점에서 생각해 보는 것이 도움이 될 수 있다. 모든 결정은 의당 그보다 앞서 한 결정의 역사와 넘겨진 짐에 따라간다. 진공 상태로 존재하는 것이 아니다. 모두 전후관계를 갖고 있다. 그리고 현재의 모든 결정은 미래의 결정을 제한한다.

실제로 모든 결정은 결정의 흐름에 있어 한 부분이라는 것을 입증할 만

> 현실에서의 여러 가지 결정은 서로 연계되어 있고 상호 연결되어 있다.

한 예는 많다. 정치 분야에서 미국 대통령 버락 오바마의 경제 정책과 외교 정책은 부시 부자, 빌 클린턴, 지미 카터, 로널드 레이건, 그리고 지난 수십 년 동안 이전 대통령의 권한으로 내린 결정 때문에 광범위한 제한을 받고 있다. 현재의 협상가들이 처리해야 하는 아랍과 이스라엘 간의 갈등 문제는 1940년대와 그 이전에 내린 결정의 영향을 받고 있다.

강아지를 사겠다는 줄리의 결정은 수많은 다른 결정에 영향을 주었고, 여전히 다른 결정을 제한한다. 이와 같이 중요한 결정은 이후의 결정을 제한하고 당신의 삶을 크게 변화시킨다. 내 친구 중 한 명은 노스다코타 주 윌리스턴에서 워싱턴 D.C.로 이사를 갔다. 이후 그녀는 남자를 만나는 일이 어렵다고 계속 불평하고 있다. 독신 여성과 남성의 비율이 거의 1대 2인 윌리스턴에서 5대 4로 여성의 비율이 남성보다 높은 워싱턴으로 이사하기로 한 결정은 분명 그녀의 현재 사회생활을 제한하고 있다. 담배를 피우거나 대학에 진학하지 않거나, 혹은 당신의 첫 일자리를 선택하거나 배우자를 선택하거나, 또는 아이를 갖고 집을 사기로 하는 등의 결정은 모두 미래의 선택을 제한하는 중요한 결정이다.

합리성은 행동하기 전에 결정 과정을 통해 생각하기를 요구한다. 그러나 나의 주장은 좀 더 앞으로 나아간다. 장기적으로 합리성을 유지하려면, 여러분은 전후관계를 고려하여 결정해야 한다. 과거에 한 결정은 현재의 선택 과정에 지속적으로 출몰하는 유령과 같아서, 여러분이 오늘 결정한 것은 내일 여러분의 선택에 영향을 미치고 위축시킨다. 당시에는 중요하지 않을 것 같았던 결정이 여러 해가 지난 미래에 나타날 수 있다. 예를 들면, 대학의 전공 선택이 사소한 것 같지만 직업의 유형과 거주지, 수입, 심지어 앞으로 갖게 될 친구의 유형까지도 결정할 가능성이 크다. 마찬가지로 배우자를 선택하는 것이 비교적 중요하지 않은 결정이라고 주장할 사람은 아무도 없겠지만, 한 친구는 결혼에 따르는 모든 세부 사항들을 이해한 듯 내게 다음과 같이 말한 적이 있다. "여자가 누구와 결혼하는가는 어디서 살 것인가, 집의 크기, 쇼핑 장소, 교우관계, 저녁을 어떻게 보내는가, 휴가를 어디로 가는가, 자녀를 어느 대학에 보내는가, 심지어는 그녀가 어디에 묻히는가를 결정한다"라고 말이다.

전후관계를 고려한 결정을 하는 것 외에도, 현재의 결정이 당신의 목표와 맞는가를 내다보고 확인함으로써 더 나은 의사결정을 할 수 있다. 오늘의 행동이 가져 올 미래의 결과를 예측하고 앞으로의 일을 생각하라. 그렇게 함으로써 미래에 다가올 기회를 무시하거나 제한할 가능성을 줄이게 된다. 오늘의 결정이 미래의 결정을 만들어 내기도 하고 제한하기도 하기 때문에, 오늘의 결정이 당신의 미래와 맞는가를 평가해야 한다. 당신의 오늘 결정이 지금부터 1개월, 1년, 장래 10년 동안의 목표와 일관성이 있는지 확인하기 바란다.

의사결정 Tip

- 전후관계를 고려하여 결정하라.
- 오늘 한 결정이 미래에 어떤 영향을 미칠지 내다보라.
- 현재의 결정과 미래의 목표를 연계시켜라.

chapter 34

모든 결정이 다 중요한 것은 아니다

우리는 인생을 사는 동안 수천 가지의 작은 갈림길을 만난다.
그중에는 판단의 순간, 진실의 순간이 되는 큰 갈림길이 몇 개 있다.
—L. 아이아코카L. Iacocca

마이크는 어찌할 바를 몰랐다. 그는 대형 화면의 TV를 원했다. 친구들은 대부분 하나씩 갖고 있었다. 이제 그의 차례였다. 친구들의 집에서 스포츠 경기를 본 경험을 바탕으로, 마이크는 최소 42인치 이상을 원했다.

마이크는 베스트 바이, 시어스, 코스트코를 돌아다니면서 토요일 오후를 보냈다. 42인치에서 65인치에 이르는 TV를 살펴보았다. 그는 평면 화면, 플라스마 화면, 전면 프로젝터, 후면 프로젝터를 보았다. 소니, 파나소닉, 미쯔비시, JVC, RCA, 비지오, LG, 필립스, 삼성, 샤프, 도시바의 제품들을 보았다. 마이크는 정말 어찌할 바를 몰랐다. 그는 도서관에 들러 「소비자보고서」에서 다양한 제품들에 대한 기사를 읽었다. 그리고 온라인으로 사용자들의 제품평을 읽었다. 읽으면 읽을수록 그는 더욱 혼란에 빠졌다. 3주 동안 20여 시간을 심사숙고한 후 마이크는 기다리기로 결정했다. "이것은 중요한 결정이다. 나는 실수하고 싶지 않다. 나는 지금 너무나 많은 정보로 혼란스럽기 때문에 이에 대해 생각할 시간을 좀 가져야겠다."

마이크가 TV를 새로 구입하는 일을 미루기로 한 결정에는 본질적으로 잘못된 것이 없다. 그러나 마이크의 딜레마는 이것이 실제로 중요한 결정인지 여부를 생각할 기회를 준다. 많은 사람들은 어떤 결정이 실제로 중요하고 신중하게 분석해야 할 가치가 있는가를 혼란스러워하지만, 보다 면밀히 살펴보면 그저 중요해 보이는 것만으로는 중요도 테스트를 통과하지 못한다.

중요도 테스트란 무엇인가? 의사결정의 중요도는 차후 나타나는 효과에 비례한다. 지금부터 20년 후의 삶까지 영향을 미치는 결정은 그 영향이 몇 달만 지속될 결정보다 훨씬 중요하다.

TV를 새로 사는 것에 대한 마이크의 관심으로 돌아가 보자. TV가 10년이나 20년 후 그의 삶에 영향을 미치리라고 생각하는가? 그렇지 않을 것이다. 다른 전자 제품과 마찬가지로 우리는 대부분 10년이 못되어 TV를 교체한다. 마이크가 실수로 나중에 후회할 TV를 산다고 하더라도 장기적인 영향은 비교적 미미하다. 그가 보고 있는 모든 제품 간의 화질 차이는 미미하며, 50인치가 아닌 40인치를 골랐다고 해서 마이크의 삶의 질에 부정적인 영향을 끼치지는 않을 것이다.

자동차를 새로 구입하는 결정은 어떠한가? 이것은 중요한가? 우리는 대부분 5, 6년마다 차를 바꾸므로, 차를 잘못 고른 것이 끼치는 장기적인 영향은 아주 적다. 그러나 차를 구입해서 평생 타기를 기대한다면, 그것은 중요한 결정일 것이다.

그러면 중요한 결정의 대표적인 예는 무엇인가? 삶을 바꿀 수 있으며 상세하고 철저한 평가를 해야 하는 결정은 무엇인가? 학업의 중단, 아이를 가지는 것, 마약을 사용하는 것, 무직 상태의 지속 등은 삶을 바꿀 수 있음을 주목해야 한다. 또한 많은 사람들이 때로 장기적인 관점에서의 영향을 거의, 또는 전혀 고려하지 않고 이러한 결정을 충동적으로 내린다는 점도 주목해야 한다.

일흔이나 여든 살이 되고 나서 삶을 규정한 중대한 결정을 돌이켜 본다면, 그것은 컴퓨터를 고르거나, 차를 구입하거나, 휴가 장소를 선택하는 것 등과는 관계가 있을 것 같지 않다. 그러나 많은 사람들은 이 같은 결정에 대해 걱정하고 분석하는 데 상당한 시간을 소비하면서, 정작 중요한 결정에는 적절한 주의를 기울이지 못한다. 어떤 사람들은 극히 사소한 결정을 가지고 끙끙 앓는다. 그들은 모든 결정이 중요하다는 확신을 갖고 있다. 기업 활동에서 종종 이를 '지나친 분석에 의한 마비 현상paralysis by analysis'이라고 한다. 누구든 모든 결정을 최적화할 시간이나 에너지를 충분히 가지고 있지 않다. 그리고 중대한 결정과 그렇지 않은 결정을 구별하지 않으면, 정말 중대한 결정을 효과적으로 내리지 못한다.

모든 사람에게 무엇이 중요한 결정이고 중요하지 않은 결정인가를 규정하는 보편적인 기준은 없다. 학교를 조기에 그만두거나 부모가 되는 것 같은 몇몇 선택은 우리 모두의 삶에 큰 변화를 가져오는 것이다. 하지만 우리는 각기 독자적으로 자신에게 중요한 결정이 무엇인지 확인해야 한다.

나는 무엇이 중요한 결정인지 확인하는 데 도움이 될 만한 공식적인 방법은 찾지 못했지만, 특정한 의사결정의 중요도는 연령에 따라 차이가 있다는 점을 제안한다. 여기 연령에 따라 묶어본 몇 가지 중요한 결정의 예가 있다. 이는 적절하게 고려하지 않을 경우 건강 악화, 재정적 궁핍, 고독, 지루함, 가족관계 붕괴, 자존심 저하, 인생의 성취 결여 등 매우 부정적인 결과를 가져올 수 있는 결정이다. 이는 제안일 뿐이며 일반화된 것으로 모든 사람에게 적절한 것은 아니라는 점을 염두에 두라.

중대한 결정과 그렇지 않은 결정을 구별하지 않으면, 정말 중대한 결정을 효과적으로 내리지 못한다.

- **10대.** 흡연 시작, 약물 사용, 학업 중단, 나쁜 친구 선택, 무책임한 성관계, 임신, 무모한 운전
- **20대와 30대.** 무직 상태 유지, 유용한 직업 기술 획득 실패, 결혼, 장기적 재정 계획 개발 실패(퇴직에 대비한 저축 포함)
- **40대와 50대.** 직업 전환, 체중 증가, 정기적인 신체 검사 회피, 임의로 선택한 수술, 여러 관심 및 취미 개발 실패
- **60대 이상.** 퇴직 후를 어떻게 보낼 것인가에 대한 계획 실패, 콜레스테롤, 고혈압에 대한 처방약을 받아오는 일의 실패 등

요약컨대, 모든 결정이 동등하지는 않다. 본인에게 어떤 결정이 중요하고 어떤 결정이 중요하지 않은지를 규정해야 할 필요가 있다. 그리고 중요한 결정에 보다 많은 시간과 노력을 쏟아야 한다.

의사결정 Tip

- 중요한 결정에 보다 많은 시간과 노력을 기울여라.
- 중요한 결정이란 삶의 변화를 가져오고, 장기적인 미래에 직접적인 영향을 미치는 결정이다.
- 삶의 변화를 가져오는 결정은 연령에 따라 다른 경향이 있다.

chapter 35

정보가 많다고 해서
반드시 더 좋은 것은 아니다

정보가 너무 많으면 정보 기억 상실을 가져올 수 있다.
그것은 풍부하게 하는 것이 아니라 오히려 부족하게 만든다.
— P. 드러커 P. Drucker

칼 쿠퍼는 교장이나 교감 같은 행정직으로 인사 이동하는 초·중등 교사들을 위한 4주 과정의 하절기 프로그램을 막 끝마쳤다. 칼은 그 과정이 매우 유익하다고 생각했다. 그는 전략, 예산 세우기, 조직 설계, 대인 간 의사소통, 그리고 리더십 같은 주제를 새롭게 이해하게 되었다. 그는 이제 자신이 루스벨트 중학교의 교장으로서 마주치게 될 문제들을 보다 잘 이해하게 되었다고 생각했다. 그가 확신하지 못하는 것은 자신이 배운 새로운 '전문 지식'들을 모두 적용할 수 있을지 여부였다. "나는 지금 배운 모든 새로운 행정 개념들이 다소 혼란스럽습니다."

우리는 정보화 시대에 살고 있으며, 이 새로운 시대는 정보 과부하가 함께 올 수 있다는 말을 종종 듣는다. 우리가 받는 정보가 그것을 처리할 수 있는 우리의 능력을 초과한다는 말이다. 정보 처리에 관한 보다 중요한 연구 결과 중 하나는 거의 60년 전에 발표되었다. 연구 결과에는 인간이 정보를 수용하고, 처리하고, 기억하는 능력에 심각한 한계가 있으며, 보통 사람이 보유할 수 있는 서로 상관 없는 정보의 수는 7개 내외(7±2개)로 제한된다고 나와 있다.[1]

스무 가지 관계없는 항목을 열거해 보겠다. 다음 목록을 읽어 본 후, 이 책에서 눈을 떼고 그중 몇 가지를 기억할 수 있는지 시험해 보라. 물, 소파, 빵, 우크라이나, 기린, 임대, 선거, 강장제, 반지, 옷단, 라디오, 스웨터, 귀, 휴가, 갈망, 인용, 잉여, 사례, 클럽, 파자마. 추측하건대, 겨우 5~9개밖에 기억하지 못할 것이다. 우리의 데이터 처리 능력은 한정되어 있다. 다뤄야 할 정보가 우리의 처리 능력을 초과하면 결과는 정보 과부하가 된다.

우리는 끊임없이 정보의 공격을 받는다. 라디오, 텔레비전, 신문, 책, 잡지, 인터넷, 전화, 문자, 트위터, 친구, 친척, 그리고 모든 종류의 전문가들이 점점 더 많은 정보로 우리의 눈과 귀를 공략하고 있다. 당신이 어디에 있든 당신의 감각은 공격받고 있다. 그리고 이 중 몇몇은 감각기관을 통해 여과되어 훗날 결정을 내리는 데 이용된다.

그러나 정보의 양이 질과 일치하는 것은 아니다. 당신이 받아들이는 정보 중 상당수는 판단을 내리는 데 이용되는, 타당하고 신뢰성 있는 정보와는 거의 관련이 없다. 우리는 정보 과부하를 경험하면 정보를 선별하거나, 무시하거나, 잊는 경향이 있다. 아니면 과부하 상황이 끝날 때까지 추가적인 정보 처리를 미룰 수 있다. 혹은 정보를 잃을 수도 있다. 중요하지 않은 정보라면 잃어도 괜찮을 것이다. 안타깝게도 우리는 귀중한 정보를 잃고 적절치 않거나 왜곡된 정보를 기억하기도 한다. 이 책의 앞부분에서 제시한 바와 같이, 정서를 자아내거나 가장 최근의 혹은 생생한 정보를 기억해 낼 가능성이 더 높을 것이다.

우리는 복잡한 결정을 내릴 때 '더 많은 것'을 '더 좋은 것'과 연관시키기 때문에 종종 보다 많은 정보를 추구한다.[2] 역시 앞에서 논의한 바와 같이, 보다 많은 정보를 끊임없이 추구하면 불필요한 지연이나 완전 무기력 상태를 초래할 수 있다. '준비, 조준, 조준, 조준, 조준…' 하면서 방아쇠를 당기지 못하는 권총 사수를 생각해 보자. 결정 내리는 것에 대해 두려워할 때, 현명한 결정을 내리기 위해서는 더 많은 정보가 필요하다고 주장하면서 의사결정을 연기하는 것을 쉽게 합리화한다.

효과적으로 결정을 내리는 사람들은 언제가 충분한 때인지를 아는 법에 대해 배운다. 또한 그런 사람은 질과 양을 구별할 수 있다. 이러한 과제에 도움이 될 만한 몇 가지 제안이 있다. 첫째, 당신의 목표에 초점을 맞추면서 시작해 보라. 나

> 효과적으로 결정을 내리는 사람들은 언제가 충분한 때인지를 아는 법에 대해 배운다.

는 이것을 여러 번 언급했는데, 그만큼 반복할 만한 가치가 있다. 확실한 목표는 합리적인 결정을 위한 핵심적인 요소다. 당신의 목표가 분명하고 일관성 있으면 불필요한 정보를 계속해서 추구할 가능성이 적고, 새로운 정보가 중요한지 여부를 보다 신속하게 평가할 수 있다. 둘째, 결정을 내리는 데 필요한 정보를 모두 가질 수 없다는 점을 받

이들여야 힌다. **불확실성**은 삶의 일부이자 의사결정의 일부나. 불확실성을 완전히 제거할 수는 없으며, 그것을 최소화하기 위해 적절한 양의 정보를 얻으려고 할 뿐이다. 셋째, 비판적으로 생각하고 반성할 시간을 가져라. 결정 기준과 선택 대안을 약 일곱 가지 정도밖에는 보유하지 못하지만, 이로 인해 즉시 기억(또는 단기 기억)이 제한되는 것은 아니다. 필요한 사항들은 적어놓아야 한다. 중요하고 복잡한 결정을 위해서는 스프레드시트 소프트웨어를 이용해 검토할 사항들을 확인하고 분석한다. 그리고 반성할 시간을 갖는다. 낱말 맞추기를 하다가 막혀서 산책을 하고 돌아와 보니 답이 생각난 적이 있는가? 당면한 과제를 뒤로 하고 휴식을 취하며 마음을 다른 곳에 뒀다가 다시 되돌아 와서 보면 때로 더 많고 더 나은 선택 대안이 떠오르는 경우가 있다. 마지막으로 적절한 양의 정보를 규정하는 것은 무엇인가? 무엇이 충분한가? 더 이상 찾아봐도 더 나은 대안들을 내놓지 못할 것 같다는 결론을 내릴 수 있을 때가 바로 그때다. 이 시점에서 당신은 온갖 대안을 다 갖고 있고 그중에서 만족스러운 선택이 될 만한 대안이 최소한 하나는 있을 것이다. 여전히 자신이 없다면, 다음과 같은 질문을 하면 도움이 될 수 있다. 더 많은 대안을 개발하는 데 필요한 추가 시간과 노력은 이를 정당화할 만한 훨씬 더 나은 선택을 제공하는가?

의사결정 Tip

- 목표에 초점을 맞춘다.
- 원하는 정보를 모두 가질 수 없다는 점을 받아들인다.
- 비판적으로 생각하고 반성할 시간을 갖는다.
- 추가적인 노력을 기울여도 더 나은 대안이 더 이상 떠오르지 않을 때는 최종 선택을 한다.

chapter 36

아무리 좋은 것이라도
지나치면 싫증날 수가 있다

도대체 31가지 맛의 아이스크림이 필요한 사람은 누구인가?
— S. 로빈스 S. Robbins

캘리포니아 주의 어느 고급 식료품 상점에서 다음과 같은 연구가 실시되었다.[1]
5시간씩 두 번 고객들에게 이국적인 맛의 잼 샘플을 제공했다. 한 번은 스물네
가지 맛의 샘플이, 다른 한 번은 여섯 가지 맛이 제공되었다. 고객들은 원하는
만큼 종류별로 잼을 시식할 수 있었다. 이 연구는 고객들이 얼마나 많은 종류의
샘플을 시식하는지, 샘플의 숫자가 잼 구매에 영향을 주는지 여부, 그리고 나중
에 하나 이상의 잼을 구매했던 고객들의 만족도를 알아보기 위한 것이다.

연구에서 알아낸 것은 다음과 같다. 첫째, 24종류와 6종류의
경우 전시테이블에 다가온 사람들은 평균적으로 2개 이
하의 잼을 시식했다. 둘째, 스물네 가지의 다양한 종류의 잼이 제공되
었던 고객들 중 3%가 나중에 잼을 구매했고, 여섯 가지 제한된 종류의

잼이 제공되었던 고객들 중 30%가 나중에 잼을 구매했다. 마지막으로, 두 그룹의 잼 구매자들 중 더 적은 수의 선택권(6종류)이 있었던 사람들이 자신들의 선택에 더 큰 만족을 표시했다.

이 장은 앞 장의 연장선에 있다. 정보의 과부하라는 문제가 있기 때문에 더 많은 정보가 반드시 더 좋은 것은 아니다. 잼 연구에서 보여 주는 것처럼, 실증적인 증거는 선택지의 수를 실제로 제한하는 것이 행복 수준을 더 높일 수 있다는 것을 보여 준다. 적은 것이 더 좋을 수도 있다.

우리는 선택지의 풍부함에 가치를 두는 사회와 문화 속에 살고 있으며, 선택의 자유를 소중하게 여긴다. 사실 자유로운 선택은 시장에 기반을 둔 자본주의 시스템의 기본 요소 중 하나다. 그 결과, 우리는 많은 것이 더 좋은 것이라고 생각하는 경향이 있다. 우리는 식료품 상점의 선반에 있는 15종류의 머스터드 중에서 선택할 수 있고, 잠재적 데이트 상대가 많고, 무수한 종류의 투자 옵션이 있으면 더 행복할 것이라고 생각한다. 그러나 앞에서 배웠듯이, 정보를 이해하고 수용할 수 있는 우리의 능력은 제한되어 있다. 그래서 어떤 학자는 이를 '선택의 역설paradox of choice'이라고 설명한다.[2] 몇 가지 중에서 선택하는 것이 좋았다는 사실이 더 많은 것에서 선택하면 반드시 더 나을 것이라는 것을 의미하지는 않는다.

선택지가 많아지면 만족도가 높아진다는 과거의 연구 결과들은 대개 하나의 항목 대 두 개의 항목, 또는 두 개의 항목 대 다섯 개의 항목을 비교해 나온 것이다. 소수의 선택지를 가지고 한 연구에서는 일반적으로 선택지가 많을수록 더 좋다는 결과가 나타났다. 그리고 상몇 가지 중에서 선택하는 것이 좋았다는 사실이 더 많은 것에서 선택하면 반드시 더 나을 것이라는 것을 의미하지는 않는다. 대적으로 제한된 숫자의 선택지 중에서 선택하는 것은 아예 선택권이 없는 것보다 분명 더 낫다. 그러나 20개의 선택지가 있을 때가 3~4개의 선택지가 있을 때보다 더 나을까? 그 대답은 아닌 것으로 보인다.

상당수의 연구에서 더 많은 선택지가 주어졌을 때 실제로 만족도가 감소되는 것으로 확인되었다.[3] 왜 그럴까? 연구 결과 세 가지 이유가 밝혀졌다.[4] 첫째, 선택지가 더 많아진다는 것은 우리의 선택을 평가하기 위해 더 많은 정보가 필요하다는 것을 의미한다. 네 가지 선택지가 스물네 가지 선택지보다 훨씬 더 정보를 얻기가 쉽다. 둘째, 선택지의 수가 늘어나면 용인할 만한 결과에 대한 기대 수준이 높아지는 경향이 있다. 우리는 서른한 가지 종류의 아이스크림 중에서 선택해야 할 때, 초콜릿과 바닐라 두 종류 중에서 선택해야 할 때보다 더 완벽한 선택을 하게 되기를 기대한다. 셋째, 선택지가 늘어날수록 결과가 만족스럽지 못할 때 우리는 그것을 우리의 잘못이라고 믿는 경향이 있다. 어떻게 그렇게 많은 선택지 중에서 고르고 골랐는데 행복하지 않을 수가 있냐고?

이러한 연구 결과들은 중매결혼의 높은 성공률 또는 연예인들이나 갑부들이 관계를 유지하는 것이 얼마나 힘든지를 잘 이해할 수 있게 해 준다. 그 해답은 선택지의 개수다. 당신이 어릴 때 미리 배우자가 정해지는 문화권에 살고 있다면, 단 하나의 선택을 수용하여 더 나은 사람을 찾기 위해 인생을 복잡하게 만들 필요가 없다. 반면 당신이 끊임없이 멋진 잠재적 배우자들의 관심을 받고 있다면, 언제나 더 나은 사람을 만날 수도 있다고 생각할 것이다.

흥미로운 사실은, 더 많은 선택지를 주는 것이 모든 사람의 만족도를 감소시키는 것은 아니라는 것이다. 제6장 '당신은 최대 만족 추구형인가, 아니면 적당 만족형인가'의 논의를 기억해 보라. 최대 만족 추구형들은 적당 만족형들보다 더 많은 수의 선택지가 있어도 참아낼 수 있다는 것을 시사한다.[5] 최대 만족 추구형들은 최선의 선택을 하기 위한 노력으로 더 많은 선택지들을 살펴보기 때문이다. 그래서 그들은 결과와는 관계없이 뒤돌아보게 되고, 다른 선택지를 선택하지 않은 것을 후회하는 경향이 있다. 사실 최대 만족 추구형들도 모든 대안들을 조사할 수는 없다. 그들은 더 나은 선택이 있는데 못보고 지나칠까 봐 계속 생각이 맴돌고 있을 뿐이다. 이와 대조적으로 적당 만족형들은 결코 최선의 선택을 추구하지 않는다. 충분한 선택인 것 같으면 만족하는 것이다. 적당 만족형들이 선택에 대해 후회의 경험이 적은 것은 놓쳤을지도 모르는 더 나은 선택에 대해 깊이 생각하지 않기 때문이다.

우리 대부분은 결정을 해야 할 때, 살펴봐야 할 대안의 수가 제한되어 있는 것이 더 행복할 수 있다. 그 숫자가 많다고 반드시 더 나은 것은 아니며, 대부분의 경우 6개 또는 그보다 적은 것이 좋다. 그렇게 하는 것이 하지 않은 선택에 대해 후회할 가능성을 줄여준다. 나아가 기대치를 낮추는 것을 고려해 보라. 최대 만족 추구형이 되기보다는 적당 만족형이 되려고 노력해 보라. 결정한 결과에 대한 기대치가 너무 높으면, 더 많은 선택지들을 살펴보고 더 많이 분석해야 할 필요가 있다고 느끼게 된다. 이렇게 노력이 더 늘어나면 결국 실망할 가능성도 높아진다. 선택지의 수나 기대치 둘 다 적은 것이 더 좋다.

의사결정 Tip

- 더 많은 선택지가 있는 것은 후회할 가능성을 증가시킨다.
- 선택지의 수가 제한되면 더 행복해진다.
- 기대치를 낮추는 것 역시 더 행복해지는 방법이다.

chapter 37

과거의 결정을 곱씹지 마라

나는 다소 엉망인 결정을 내릴 때마다
밖으로 나가 다른 결정을 내린다.
— *H. 트루먼H. Truman*

줄리 에르난데즈는 과거의 결정을 다시 돌이켜보면 골치가 아프다. "2011년에 에디가 나에게 청혼했을 때 그와 결혼했으면 어땠을까? 서른 살이 될 때까지 기다리는 대신, 학교를 졸업하자마자 저축 프로그램을 시작했어야 했는데. 생명 보험을 너무 많이 든 것 같다. 두 달을 기다렸다가 성능이 더 좋은 컴퓨터를 샀어야 했어."

줄리의 말은 '~한 것 같다, ~했어야 했는데'라는 단어로 가득 차 있다. 그녀는 결정을 내리는 데는 아무런 문제가 없는 것 같지만 결과와 상관없이 그것을 반복해서 다시 제기한다. 항상 처음에 올바른 결정을 내렸는지 다시 살펴보는 것이다.

줄리는 특이한 사람이 아니다. 우리들 중 상당수는 이전의 결정을 디시 살펴보고 다른 대인을 신택했더라면 지금은 어떻게 되었을지를 추측하는 데 많은 시간을 보낸다. 어떤 경우에는 과거의 결정을 다시 제기하는 것이 실용적일 수 있다. 그러나 많은 경우 그러한 일은 시간 낭비이며 또 다른 비실용적인 결과를 만들어 낸다.

과거의 결정을 다시 살펴보는 것의 유익한 측면은 무엇인가? 그것은 학습 기회를 제공할 수 있다. 우리는 과거의 실수와 성공에서 배울 수 있다. 어떤 것이 효과적이었고 어떤 것이 효과적이지 않았는지를 배운다. 그러나 부정적인 면도 크다. 그것은 시간과 노력을 낭비한다. 제24장 '지나가버린 것이 언제나 잊혀지는 것은 아니다'에서 설명한 것처럼 이미 결정을 내린 후에는 흔히 매몰비용이 된다는 점을 기억하라. 그것은 또한 우리가 나중에 결정을 내리는 것에 대해 의심하게 만들 수 있다. 과거에 했던 결정에 집착하는 것은 관성에 의한 결정과 연관성이 있고, 결정이 잘못될까 봐 두려워하는 것은 꾸물거림과 관련이 있다.[1]

여기서 이야기하고 있는 심리학적 개념을 후회 regret라고 한다. 후회란 우리가 전에 다른 결정을 내렸다면 현재의 상황이 더 좋았을 것이라고 깨닫거나 상상할 때 경험하는 부정적인 정서다.[2]

> 과거에 했던 결정에 집착하는 것은 관성에 의한 결정과 연관성이 있고, 결정이 잘못될까 봐 두려워하는 것은 꾸물거림과 관련이 있다.

우리는 과거나 지금이나 우리가 내린 결정을 후회한다. 그러나 어떤 사람들은 다른 사람들보다 훨씬 더 많이 후회하는 것 같다. '이미 엎질러진 물을 보고 울면서' 시간을 낭비하면 결정의 효과는 줄어들게 되고, 더 중요한 것은 차후에 결정을 내리는 능력을 저해하게 하므로 후회의 부정적인 측면을 고려해야 한다.

우리는 후회에 대해 상당히 많이 알고 있다. 예를 들어, 결정 이후의 후회를 경험하기 위해서는 당신이 내린 결정의 결과를 알고 있어야 한다.[3] 만일 당신이 누군가를 위해 선물을 샀는데 그 사람이 그것을 좋아했는지 여부를 듣지 못했다면 후회를 경험하기 어렵다. 게다가 당신이 거부한 대안의 결과를 알면 후회를 경험할 가능성이 더 높아진다. 내가 알고 있는 어떤 사람은 오리건 주 유진에 살던 1960년대에 새로운 운동화 사업의 투자 요청을 양도하기로 한 결정에 대해 계속 생각하고 있다. 그 사업은 나이키가 되었다. 그 사람은 여전히 정기적으로 나이키 주가를 보면서 그 결정에 대해 가슴을 친다. 바로 앞의 예와는 달리, 결정의 결과가 좋지 않을 때도 우리가 하지 않은 행동에 대해서보다 했던 행동에 대해 더 큰 후회를 하는 경향이 있다.[4] 예를 들어, 사업에 실패한 사람들은 벤처사업을 추진하지 않았다면 더 나은 결과를 가져왔을 거라는 믿음에 먼저 초점을 맞춘다.

후회에 관한 가장 흥미롭고 직관과 상치되는 결과 중 하나는 상대적으로 성공한 사람들이 실제로 다른 사람들보다 더 쓰리게 느끼는 경우가 많다는 것이다. 특히 올림픽 경기에서 2위를 한 선수들은 3위를 한 선수들보다 자신의 성취도에 대해 만족스러워 하지 않는 것으로 나타났다.[5] 그 이유는? 동메달을 차지한 선수들은 4위에 더 초점을 맞추는 경향이 있으며 단지 메달을 획득한 것에 감격했다. 이와 반대로 은메달을 차지한 선수들은 금메달의 기회를 상실했다는 사실과 올림픽 챔피언을 아깝게 놓쳤다는 사실에 초점을 맞추었다.

인제 후회를 경험하는가? 네 가지 상황이 있다.[6] 첫째, 앞서 언급한 바와 같이 피드백이 있어야 한다. 후회는 거부된 대안과 선택된 대안을 비교할 때 일어나는 감정과 관계가 있다. 당신이 내린 결정이 어떤 결과를 가져왔는지 모른다면 후회를 경험하기 어렵다. 둘째, 선택된 대안이 하나 이상의 다른 대안과 거의 동등한 매력을 가진 상황이어야 한다. 선택된 대안의 결과가 좋지 않을수록 잘못된 선택을 했다고 결론내리기 쉽다. 이는 결정이 어려울수록 결정할 때 후회를 경험할 가능성이 높다는 것을 시사한다. 셋째, 결정의 결과를 신속하게 알게 될 때 쉽게 후회를 경험한다. 당신은 담배를 피우기 시작한 것보다 차를 탈 때 주의하지 않은 것, 차에 치인 것, 그리고 한 달 동안 깁스를 해야 하는 상황을 후회할 가능성이 훨씬 높다. 흡연의 부정적인 결과는 일반적으로 수년 또는 수십 년 동안 지연된다. 넷째, 결정을 되돌리기가 어려울수록 일이 잘못될 경우 후회할 가능성이 더 높다. 이와 반대로 과거의 실수를 쉽게 수정할 수 있다면, 이전 선택에 대해 후회할 가능성이 낮다.

후회를 완전히 없앨 수는 없지만 최소화할 수는 있다. 모든 결정이 후속조치를 요구하는 것은 아니다. 인터넷에서 철저히 조사하여 새로운 카메라를 한 대 구입했다면, 주문 후에 조사를 계속하는 것은 불필요하며, 이는 후회의 가능성을 높일 수 있다. 인생의 결정은 충분한 피드백과 함께 이루어진다. 결정이 매몰비용이라면 더 많이 매달릴 필요가 없다. 몇 가지 대안이 똑같이 마음을 끄는 중요한 결정이라면 더 많은 시간을 투자해야 한다. 그것은 후회할 가능성이 매우 높은 결정이다. 마지막으로 돌이킬 수 없는 결정에 더 많은 시간을 투자해야 한다.

의사결정 Tip

- 모든 결정이 후속조치를 요구하는 것은 아니다.
- 몇 가지 대안이 똑같이 마음을 끄는 중요한 결정이라면 더 많은 시간을 투자하라.
- 돌이킬 수 없는 결정에 더 많은 시간을 투자하라.

chapter 38

성공하는 사람들은 모험을 감수한다

시도하지 않은 숏은 100% 실패한다.
*—W. 그레츠키*W. Gretzky

오프라 윈프리, 빌 게이츠, 더스틴 호프먼, 빌 클린턴, 레이 크록, 돌리 파튼, 스티브 잡스, 짐 캐리, 파블로 피카소의 공통점은 무엇인가? 성공적인 경력뿐 아니라 그들은 모두 모험을 감수했다. 큰 성공을 거둔 사람들과 그렇지 못한 사람들을 구별하는 한 가지 특징을 찾자면, 성공한 사람들은 모험을 감수했다는 것을 알게 될 것이다. 그들은 직업을 그만두고, 새로운 도시로 이사했으며, 사업을 시작했고, 정치에 입문했다. 자신을 모험에 처하게 했으며 실패에 노출시켰다. 모험의 감수가 성공을 보장한다고 말하는 것이 아니다. 분명 그렇지 않다. 내가 말하고자 하는 것은 약간의 안전함을 포기하여 기회를 얻지 않는다면 싱공아기가 매우 어렵나는 것이다. 선에 누군가가 말했늦이, "모든 성공한 사람 뒤에는 자녀가 엄청난 실수를 하고 있다고 확신하는 어머니가 있었다."

제5장 '당신은 모험을 무릅쓰는 사람인가'에서 파악한 당신의 모험 감수 지수를 다시 보자. 몇 점이 나왔는가? 모험 감수 지수는 성격적 요인이다. 우리 모두가 모험에 대한 내성이 똑같은 것은 아니다. 모험 감수 지수가 낮다면, 이 장에 나오는 조언에 특히 주의를 기울여야 한다. 보다 높은 모험을 감수하고자 적극적으로 노력함으로써 보다 효과적인 결정을 내릴 수 있을 것이다. 모험 감수 지수가 높았다면, 모험을 감수하는 것은 이미 당신에게 매력적인 일이다. 당신은 과도한 모험이 있는 결정(부정적인 손실이 긍정적인 잠재성보다 훨씬 큰 선택)을 내리지 않도록 주의해야 한다.

> 약간의 안전함을 포기하여 기회를 얻지 않는다면 성공하기가 매우 어렵다.

인생에서 쉬운 길은 '과정을 따라가면서 평지풍파를 초래'하지 않는 것이다. 이는 일반적으로 당신이 알고 있는 세계에서 예측 가능한 결과와 최소한의 위협만을 주는 안전한 결정을 내리는 것을 의미한다. 당신이 성장한 도시에 머무르는 것, 평생 동안 같은 직업을 유지하는 것, 매년 정해진 휴가 장소에 가는 것, 지속적인 취미와 관심을 유지하는 것 등이 그것이다. 모험이 적은 삶의 특징은 의사결정을 하지 않는 양상(의사결정의 결핍)을 보인다. 제32장에서 결정하지 않는 것도 결정이라고 했지만, 모험 감수 지수가 낮은 사람은 그런 식으로 보지는 않을 것이다. 그들은 변화를 최소화함으로써 모험을 최소화한다고 생각한다. 또한 그들은 나이가 들었을 때 실망하여 되돌아보고, 어떻게 현재의 생활 상태에 이르게 되었는지 의아해하는 사람일 것이다. 그들은 자신의 인생을 적극적으로 꾸려나가기보다는 수동적으로 방관하고 삶이 자신을 지배하도록 방치하였다.

모험 감수와 의사결정에 대해 무엇을 알고 있는가? 여기 몇 가지 중요한 사항이 있다. 모험을 많이 감수하는 사람은 신속하게 결정을 내리지만, 또한 신중하다.[1] 일반적인 믿음과 같이, 모험을 많이 감수하는 사람은 결정에 이르는 시간이 적게 걸리며 더 적은 정보를 사용한다. 그러나 직관적인 면과는 달리, 그들은 각각의 정보 항목을 보다 천천히 처리하는 경향이 있다. 따라서 모험을 많이 감수하는 사람들은 신속한 결정에 이르고, 이것이 충분한 정보의 탐색을 제한하기도 하지만 입수한 정보에 대해서는 신중하게 주의를 기울인다. 또한 모험의 감수는 연령에 따라 변하는 것으로 밝혀졌다.[2] 22~58세의 사람들을 대상으로 모험 감수 성향을 비교했을 때, 연구자들은 모험 감수와 모험에 부여하는 가치가 모두 연령과 부적 상관관계에 있다는 것을 알아냈다. 즉 나이를 먹어감에 따라 모험을 받아들이는 것에 대해 보수적이 되는 경향이 있다. 아마도 나이가 많은 사람들은 잃을 게 더 많다고 생각하기 때문일 것이다. 마지막으로, (앞서 제19장 '잔의 반이 비었는가, 아니면 반이 차 있는가'에서 언급한) 모험 감수와 의사결정에 대한 가장 유력한 결과 중 하나는 이익을 추구하고자 하는지, 아니면 손실을 막고자 하는지에 따라 결과를 다르게 평가하는 경향이 있다는 것이다.[3] 우리는 이익을 보고 있을 때는 모험을 싫어하고 손실에 직면할 때는 모험을 추구하는 경향이 있다. 특히 우리는 손실을 만회하거나 회피하기 위해 지나치게 높은 모험을 감수하고자 하는 것 같다. 예를 들어, 주주들은 가격이 오른 주식은 조급하게 매각하고 가격이 하락한 주식은 너무 오래 붙들고 있는 경향이 있다.[4] 투자 가치가 오를 때 너무 신속하게 매각하여 차후에 생길 수 있는 이익을 놓친다. 이와 반대로, 주식 가치가 하락하면 손실을 받아들이기보다는 상승을 기대하여 더욱 모험적이 되고 추가 손실을 감수한다.[5]

이 장은 분명 모험을 싫어하는 사람들을 대상으로 하고 있다. 나는 변화에 대항하고 과도하게 보수적인 것의 부정적인 면을 이 장에서 제시하고자 한다. 나는 의사결정의 문제를 도박처럼 접근하라고 제안하는 것이 아니다. 모험 감수는 신중하고, 현명하며, 선별적으로, 그리고 가능성을 충분히 고려하여 시도해야 한다. 이익과 상관없이 성공 가능성이 낮은 대안은 도박이다. 그러나 단지 실패의 잠재성이 있다는 이유로 성공 가능성이 높은 좋은 기회를 놓쳐서는 안 된다.

이 장에서 시사하고 있는 것은 세 가지다. 첫째, 변화를 기꺼이 받아들여야 한다. 변화가 늘 위협이 되는 것은 아니다. 변화는 기회다. 모험이 있는 기회이긴 하지만 그래도 기회는 기회다. 둘째, 자신이 모험에 대해 어느 정도 감내할 수 있는지에 대해 알고, 알고 있는 것을 바탕으로 자신의 모험 추구 수준에 맞는 대안을 선택해야 한다. 셋째, 어느 정도 예상되는 모험은 감수해야 한다. 그렇다고 도박을 해서는 안 된다. 잠재적으로 예상되는 긍정적인 면과 부정적인 면 모두를 신중하게 고려하여 의사결정을 해야 한다. 보다 중요한 점은 당신이 모험을 회피하고 있다면 아마도 부정적인 측면을 지나치게 염려하고 있을 가능성이 높다는 것을 인식해야 한다. 최악의 시나리오도 처음 나왔을 때부터 그렇게 나쁜 것은 아니다.

의사결정 Tip

- 변화를 기꺼이 받아들여라.
- 자신의 모험 감내력이 어느 정도인지를 파악하라.
- 계산된 모험은 감수하라.

chapter 39

실수를 하는 것은 괜찮다,
패배를 경험하지 않은 사람은 아무도 없다

인생에서 할 수 있는 가장 큰 실수는
실수하는 것을 계속해서 두려워하는 것이다.
－E. G. 허버드 E. G. Hubbard

헨리 포드의 첫 번째 사업인 디트로이트 오토모빌은 2년도 채 되지 않아 실패했다. 두 번째 자동차 사업도 실패했다. 그러나 세 번째 사업인 포드 자동차 회사는 그를 미국에서 가장 부유한 사람 중 하나로 만들었다. 오프라 윈프리는 첫 번째 직장이었던 볼티모어의 앵커 자리에서 해고당했다. 한 신문 편집장은 '상상력이 부족하고 좋은 아이디어가 없다'는 이유로 월트 디즈니를 해고했다. 아동용 그림책 『닥터 수스Dr. Seuss』의 작가 시어도어 지젤Theodor Geisel은 첫 번째 책을 27군데 출판사에서 거절당했다. 커넬 H. 샌더스Colonel Harland Sanders는 현재의 KFC를 설립하기 이전에 수십 곳의 직장에서 해고당했다. 먼지 봉투 없는 진공청소기를 개발한 제임스 다이슨은 15년간 5,126건의 실패한 시제품을 만들었다. 오늘날 그의 자산 가치는 45억 달러에 이른다. 그리고 역사상 최고의 농구 선수인 마이클 조던은 고등학교 농구 팀에서 잘린 적이 있다.

앞의 예들은 이 장의 요점을 말해 준다. 가장 성공한 사람들 중 상당수의 사람들은 좌절과 실패를 모두 맛보았다.[1] 그러나 그것을 학습의 기회로 삼았고, 거기에서 통찰을 얻었으며, 그것은 차후 의사결정을 개선하는 데 이용될 수 있었다. 토머스 에디슨은 이를 적절하게 표현했다. "나는 지금까지 실패한 것이 아니다. 단지 제대로 돌아가지 않는 1만 가지의 방법들을 발견했을 뿐이다."

이 장은 모험 감수에 대한 이전 논의의 연장선에 있다. 감수하려는 모험이 클수록 실수할 확률이 높아진다. 실수를 실패로 여길지, 아니면 새로운 학습 정보로 여길지는 당신이 판단하기에 달려 있다.

우리가 실수와 좌절에 반응하는 방법과 이유에 대한 이해를 위해 제공할 수 있는 두 가지 연구 흐름이 있다. 바로 강화 이론reinforcement theory과 완벽주의perfectionism에 관한 연구다.

강화 이론에서는 실수를 반복하면 다시 시도하려는 동기가 줄어든다고 본다.[2] 예를 들어, 여러분의 현재 관심사와 취미를 들어보자. 여러분은 그것

> 실수를 실패로 여길지, 아니면 새로운 학습 정보로 여길지는 당신이 판단하기에 달려 있다.

을 비교적 잘하기 때문에 계속할 것이다. 여가 시간을 뜨개질, 골프, 독서, 낱말 퀴즈 맞추기, 그림 그리기, 컴퓨터로 보낸다면, 여러분이 선택한 활동을 즐기는 부분적인 이유가 그러한 활동을 비교적 잘 해내기 때문이라고 추측할 수 있다. 이제 여러분이 시도는 해 보았지만 다시는 반복하지 않는 활동에 대해 생각해 보자. 추측하건대, 당신은 그 활동에 천부적인 소질이 없거나 그 활동이 어렵다고 생각해 기술

을 개발하거나 지속할 만한 동기 부여가 부족했을 것이다. 우리는 모두 성공이나 연속적인 개선으로 인해 긍정적으로 강화된 활동은 반복하려 하고, 긍정적인 강화(또는 정적 강화)가 없는 활동은 피하려는 경향이 있다. 의사결정과 관련하여 이는 무엇을 의미하는가? 기대한 결과가 나오지 않는 선택을 하게 되면 좌절을 경험하게 되고, 이러한 좌절은 당신이 차후 불확실성과 모험이 포함된 결정을 내리는 데 어려움을 느끼게 할 것이다.

실수를 받아들이는 데 대한 또 다른 장벽은 완벽주의에 대한 열망이다. 우리 중 상당수는 완벽주의자다. 이는 우리가 과제를 잘 수행하고자 하는 욕망이 강하며, 단기적인 변화에 저항하는 경향이 있음을 의미한다.[3] 완벽주의는 복잡한 개념이지만 그 주요 차원은 실수에 대한 과도한 걱정이다.[4] 완벽주의가 심한 사람들은 실패, 실수, 통제력 상실을 두려워한다.[5] 그들은 또한 망설이며 지칠 가능성이 높다.[6] 실수의 공포에 대한 완벽주의자의 반응은 의사결정을 회피하는 것으로 나타난다. 완벽주의의 경향이 강하다면, 망설임과 실수의 공포를 모두 초래할 수 있으니 주의해야 한다.

그렇다면 당신은 강화된 좌절 압력에 어떻게 대처하는가? 희망은 했지만 성공 여부를 가늠할 수 없는 의사결정을 한 후, 어떻게 앞으로 나아갈 수 있으며 망설이지 않을 수 있을까? 실수가 인생의 일부임을 인식하면서 시작해야 한다. 인생은 불확실성으로 이루어져 있기 때문에 실패를 피하는 유일한 방법은 불확실성과 모험을 피하는 것이다. 그것이 당신이 원하는 삶인가? 아닐 것이다. 당신이 해야 할 일은 좌절에서 교훈을 이끌어내는 것이다. 실수를 한다면 거기서 무엇을 배울 수 있을까? 실수가 당신에게 어떤 통찰을 제공하여 당신이 차후 보다 나은 결정을 내리는 데 도움을 줄 수 있는가? 실수를 하는 것은 괜찮다. 같은 실수를 반복하지 않기를 원할 뿐이다. 그리고 실수를 하면 다시 회복하기를 원한다. 이를 위한 최상의 방법은 작은 승리를 추구하는 것이다. 큰 좌절을 겪은 후에는 작은 승리를 성취하거나 작은 향상을 이룰 수 있는 결정을 내려야 한다. 이는 당신이 확신을 되찾는 데 도움을 줄 것이다. 내 친구 중 하나는 프랑스 요리를 만들어 대접함으로써 여자 친구를 감동시키기로 했다. 그러나 그것은 재난이었다. 어떤 요리도 제대로 되지 않았다. 그의 첫 번째 반응은 멋진 식사를 준비하려는 노력을 포기하는 것이었지만, 다시 마음을 다잡고 작은 승리를 위해 계속하기로 결심했다. 그는 여자 친구를 다시 초대해 그가 잘하는 스테이크를 굽고 크림 브륄레 디저트를 만드는 데 온 요리 실력을 쏟았다.

의사결정 Tip

- 실수에서 교훈을 찾아라.
- 완벽주의자라면 망설이는 경향에 특히 주의하라.
- 작은 성공이나 작은 개선을 추구하라.

chapter 40

경험은 의사결정을 향상시킬 수 있다. 하지만…

경험은 사람들이 자신의 실수에 부여한 이름이다.
— O. 와일드 O. Wilde

오하이오 주 클리블랜드 시의 소방대장과 대원들은 어느 집 뒤에서 화재를 진압하고 있었다. 소방대장은 호스를 가진 팀을 건물에 투입시켰다. 그들은 거실에 서서 주방을 삼키는 연기와 불꽃에 물을 퍼부었다. 그러나 불꽃은 다시 일어나 계속해서 타올랐다. 그들이 다시 물을 뿌리면 불꽃은 금방 가라앉았다. 그러나 불꽃은 훨씬 더 강한 강도로 다시 솟구쳤다. 소방대원들이 그 집에서 물러나와 화재진압조를 재편성할 때, 대장은 불안한 예감에 사로잡혔다. 그는 모든 대원들에게 떠나라고 명령했다. 대원들이 거리에 도착했을 때 거실 바닥이 내려앉았다. 대원들이 그 집에 계속 있었다면, 그들은 불타는 지하실 속으로 떨어졌을 것이다.[1]

대장

은 왜 떠나라는 명령을 했을까? 화재의 움직임이 그의 기대와 일치하지 않았기 때문이다. 화재의 상당 부분은 거실 바닥에서 타고 있었으므로, 소방대원들의 진화 노력에 영향을 받지 않았다. 또 상승하는 열기가 방을 더욱 뜨겁게 만들었다. 작은 화재치고는 너무 더웠다. 이것이 단지 주방에서 난 작은 화재가 아니라는 또 다른 단서는, 그것이 내는 소리가 이상하게 조용했다는 점이었다. 뜨거운 불은 소리가 크다. 대장은 직관적으로 바닥이 밑에서 타고 있는 불꽃을 덮고 있음을 알아챘던 것이다.

노련한 소방대원들은 많은 경험을 가지고 있으며, 화재에 어떻게 대응해야 하는가에 따라 무의식적으로 화재를 분류한다. 그들은 특정 행동을 취해야 할지 말지에 대한 단서나 방향을 상황에서 찾는다. 다시 말해, 노련한 소방대원들은 자신의 경험을 이용하여 더 나은 결정을 내린다.

소방대원의 예에서 보았듯이, 경험은 훌륭한 교사일 수 있다. 그러나 항상 그런 것은 아니다. 경험은 또한 오만, 과신, 창의성이 부족한 의사결정을 가져올 수 있다. 예를 들어, 제11장 '당신은 과도한 확신을 가지고 있는가'에 나온 지나친 확신에서 높은 점수를 받았다면, 경험이 당신의 객관성을 가리고 의사결정을 제한하지 않도록 주의해야 한다. 이 장에서는 경험이 도움이 되는 상황과 방해가 될 수 있는 상황을 살펴볼 것이다.

의사결정에서 경험을 선호하는 일반적인 주장은 다음의 논리를 따른다. 시간이 경과함에 따라 우리는 실수를 하게 되고, 그러한 실수에서 효과가 있는 것과 없는 것에 대해 배우고 경험을 얻는다. 그 경험은 차후 더 나은 결정을 내리는 데 도움이 된다. 앞에서의 논의와 마찬가지로 경험은 실수를 통해 배우게 한다.

너무 멀리 가기 전에 경험이라는 말이 의미하는 바를 분명히 하자. 그것은 나이인가? 활동한 시간의 길이인가? 축적된 전문적인 지식이나 기술을 측정하는 것인가? 의사결정에서 경험의 가치는 경험이라는 단어를 어떻게 정의하는가에 달려 있는 것 같다.[2] 우리는 질과 양에 모두 관심이 있으므로, 경험을 전문적인 지식이나 기술을 축적하게 하는 반복된 피드백이라고 정의할 수 있다. 따라서 20년간의 경험이 20년간 축적된 전문적인 지식이나 기술을 반영하지 않을 수 있다. 그것은 단지 20번 반복된 1년간의 경험일 수도 있다.

Part 3에서 기술한 여러 편향성과 오류는 경험으로 줄어들지 않는다. 이것은 경험에 대한 세 가지 제한을 지적함으로써 설명될 수 있다.[3] 첫째, 피드백의 지연이다. 전형적으로 의사결정과 그 결과 간에는 오랜 지연 간격이 있기 때문에 사람들은 그들의 실수로부터 학습하기가 대단히 어려울 때가 많다. 둘째, 사람들은 다른 선택을 했을 경우 결과가 어떻게 되었을지를 정확히 알 수 없다. 분명한 인과관계가 거의 없기 때문에 학습이 어렵다. 셋째, 상황들 간에는 변이성variability이 있다. 한 상황에서 효과가 있던 (또는 효과가 없는) 것이 다른 상황에서도 유사한 결과를 거둘 것이라고 확신할 수 없기 때문에 학습 효과는 애매하다. 이러힌 제힌점은 우리가 무슨 일이 일어났는지를 안다는 것(경험)이 왜 그 일이 일어났는지를 아는 것(학습)과 항상 일치하는 것은 아니라는 점을 시사한다.[4]

경험의 가치가 가장 강력한 경우는 일상적인 결정을 내리고 상황을 평가하는 경우다.[5] 경험은 상황을 판단할 수 있게 한다. "나는 이 상황을 전에 여러 번 본 적이 있어. 그리고 효과가 있는 것과 없는 것을 알고 있고, 그래서 이렇게 해야 돼." 경험은 또한 일상적인 상황에도 효과가 있다. 역시 과거의 연습이 최적의 문제 해결 방법에 대한 통찰을 제공하기 때문이다. 근로자들이 신속하고 효율적으로 일상적인 문제를 해결할 수 있도록 조직은 규칙과 절차를 제정한다. 이와 같은 방법으로, 개인은 되풀이되는 문제를 다룰 수 있는 정신적 프로그램을 만든다. 예를 들어, 당신은 매일 고속도로를 이용해 출근한다. 그래서 집을 나서기 전, 교통 상황에 대한 보도를 점검한다. 사고가 났다거나 교통이 정체되는 날에는 3킬로미터 정도 돌아가지만 결코 혼잡하지 않은 다른 길을 택한다.

경험이 자산이 될 뿐 아니라 부채가 될 수 있음을 알아야 한다.

경험의 부정적인 측면은 어떠한가? 경험이 오만이나 과신, 또는 부정확한 지각을 이끌어내거나 창의성을 제한할 때는 의사결정의 질을 저하시킬 수 있다. 제13장 '당신은 어떻게 그렇다고 확신할 수 있는가'에서 제시한 바와 같이, 과신은 우리 모두에게 문제가 될 수 있다. 그러나 경험이 엉뚱한 맥락에 적용되거나 상황이 바뀌었을 때 적용될 경우 의사결정의 질을 심하게 훼손할 가능성이 크다. 폴 알렌Paul Allen은 마이크로소프트를 공동 창업하여 세계 최고의 부자 중 한 사람이 되었다. 그러나 그 전문성은 그가 설립한 벌컨 캐피털에서는 먹혀들지 않았다. 그는 유선화된 세상과 관련된 여러 가지 투자를 했는데 거기서 수십억 달러의 손실을 입었다. 이와 비슷하게, T. 분 피켄스T.

Boone Pickens는 석유 산업에 수십억 달러를 투자했지만 풍력에너지 산업에 투자한 수십억 달러는 실패했다. 또한 경험은 지각을 부정확하게 안내할 수도 있다.[6] 우리는 자신이 기대하는 대로 세상을 본다. 따라서 폭넓은 경험은 오히려 우리의 지각을 제한할 수 있다. 경험이 왜곡되면 인식이 부정확할 수 있다. 따라서 문제와 가능한 해결책, 다양한 해결책들이 지닌 모험성의 정도를 잘못 지각할 수 있다. 마지막으로 경험은 창의성을 제한할 수 있다.[7] 혁신적인 해결책을 요하는 새롭고 생소한 결정에서 경험은 '상자 밖'을 내다보는 능력을 저하시킬 수 있다. 사실 중요한 과학적 해결책과 발명품은 경험이 충분하지 않은 초보자들에 의해 이루어져 왔다.

나의 결론은? 경험이 자산이 될 뿐 아니라 부채가 될 수 있음을 알아야 한다. 경험은 오만과 과신을 가져올 수 있다. 과거에 성공을 거둔 이들은, 특히 자신의 전문 영역 밖의 문제를 다룰 때 과신하여 행동하지 않도록 주의를 기울여야 한다. 또한 새롭고 생소한 상황을 다룰 때에는 경험에 의존하는 것을 주의해야 한다. 창의적인 해결책을 찾기 위해서는 일반적인 대안 범위 밖에서 생각해야 한다. 그러나 일상적인 문제를 다룰 때에는 경험에 의존하는 일을 편안하게 생각해야 한다.

의사결정 Tip

- 경험이 오만과 과신을 불러올 수 있음을 인식하라.
- 혁신적인 해결책을 요하는 새롭고 생소한 상황에서는 경험을 중시하지 말라.
- 일상적인 문제에서는 경험에 의존하라.

chapter 41

의사결정 방식은 성장한 문화의 영향을 받는다

로마에 있을 때는 로마법을 따라야 한다.
－St. 앰브로즈 St. Ambrose

지금은 반쯤 은퇴하여 플로리다에 살고 있는 크리스 리드는 2008년을 회상해 본다. 그는 캐나다와 멕시코로 휴가갈 때를 제외하면 미국을 떠나 본 적이 없었다. 그러한 상황은 회사에 의해 변화되었다. 엑손모빌은 그를 사우디아라비아로 발령했다.

19 91년 엑손모빌에 지질학자로 입사한 크리스는 모든 시간을 텍사스 주 미들랜드에서 보냈다. 그러나 2008년 그는 사우스 가와에 있는 150억 달러 상당의 천연가스 사업 프로젝트 팀의 팀장을 맡게 되었다.

크리스는 자신이 더 이상 텍사스 주 미들랜드에 있지 않다는 것을 금방 알게 되었다. 크리스는 "이곳 사람들은 매우 다양하며, 여기에 적응하기가 어렵다"고 말한다. "회사가 우리에게 모든 주거 편의를 제공하므로 나는 숙박 문제로 불평할 것은 없다. 그러나 나와 함께 일하고 있는 사우디아라비아인들은 텍사스로 돌아간 나의 동료들과는 전혀 유사하지 않다. 신뢰는 사우디아라비아인들과의 상호작용에서 매우 중요하다. 미국에서는 신뢰보다는 계약과 법적 문서에 더 의존한다. 또한 사우디아라비아에서는 결정의 결과가 가족에게 어떻게 반영되는지에 대해 많이 걱정하는 것 같다. 귀가하는 것은 그리 큰 관심사가 아니다. 그리고 아랍인들은 명예를 강조한다. 결코 체면을 잃으려 하지 않으며, 위엄과 평판에 대해서는 매우 중요하게 생각한다. 그러나 무엇보다 사우디아라비아인들의 시간에 대한 개념보다 조정하기 어려운 것은 없을 것이다. 미국인들과는 달리 그들은 인내심이 강하다. 사우디아라비아인들은 시간과 스케줄 면에서 매우 융통성이 있다. 결정 마감 기한은 그들에게 별 의미가 없다. 그것은 그들 문화의 운명론과 관계가 있다고 한다."[1]

우리는 모두 자신이 성장한 문화의 산물이며, 문화는 서로 차이가 있다. 연구에 따르면, 문화는 단호함, 미래 지향성, 개인주의 대 집단주의 같은 여러 차원에 따라 차이가 있다.[2] 예를 들어, 미국인은 스웨덴인보다 더 단호하고, 러시아인보다 더 미래 지향적이며, 일본인보다 개인주의가 강하다. 많은 중동 국가의 사람들은 삶이 본질적으로 예정되어 있다고 생각한다. (제7장 '누가 당신의 운명을 좌우하는가'를 참조하면 그들은 외부 통제 소재 점수를 높게 받을 것이다.) 어떤 일이 일어나면, 그들은 그것을 '신의 뜻'으로 보는 경향이 있다. 이와 반대로 미국인과 캐나다인은 자연을 통제할 수 있다고 믿는다. 또한 서구 문화에서는 시간을 부속한 자원으로 여긴다. '시간은 돈'이기 때문에 효율적으로 이용해야 한다. 따라서 미국인은 약속을 하고 지키는 데 신경을 많이 쓰며, 시간 절약 장치(수첩, 야간 우편배달, 휴대전화, 자동 타이머가 달린 기구, 원격 조절 장치)에 매료된다. 대부분의 중동과 라틴아메리카 출신 사람들은 북아메리카에서 매우 일반화되어 있는 시간과 스케줄에 대한 집착이 없다.

이번 장에서 전하고자 하는 메시지는 의사결정 패턴이 문화에 따라 다르다는 것이다. 의사결정에서 문화의 영향을 받는 측면이 많이 있기는 하지만, 여기서는 몇 가지로만 논의를 한정할 것이다. 문화가 문제 해결 가능성, 합리성과 일관성, 목표, 모험 성향에 어떤 영향을 주는지 살펴보자.

어떤 문화는 문제 해결을 강조하는 반면, 또 어떤 문화는 상황을 그대로 받아들이는 것에 초점을 맞춘다. 미국은 전자의 범주에 해당하고, 태국과 인도네시아는 후자에 해당한다. 예를 들어, 태국인은 영국인이나 미국인보다 문제 확인이 느리고 변화에 대해 주저하는 경향이 있다.

제2장 '합리성의 추구'에서 기술한 합리적 과정은 문화의 차이를 인정하지 않는다. 북미, 서부 유럽, 그리고 몇몇 다른 지역에서는 합리성이 중시되지만, 이를 전 세계적으로 일반화할 수는 없다. 예를 들어, 미국에서의 훌륭한 결정은 어떤 사람의 목표와 일치시킴으로써 달성된다. 그 목표를 달성하기 위해 미국인들에게는 확실한 목표를 설정하고, 모든 대안들을 확인하며, 주의 깊고 신중하게 대안들을 평가하고, 목표를 가장 최적화하는 대안을 선택하는 방식이 장려된다.

그러나 합리성을 중시하지 않는 이란 같은 국가에서 훌륭한 결정이란 직관적으로 내려진 것일 수 있으며, 이슬람교의 기준에 의거하여 판단될 것이다. 어떤 지역에서는 합리성이 아닌 영성이나 종교, 미신이 선택의 배후 원동력이다.

문화 차이(특히 집단주의 대 개인주의)는 모험 감수의 의지를 형성한다. 예를 들어, 특히 중국인은 투자를 결정할 때 미국인보다 모험을 추구하는 성향이 높은 것으로 밝혀졌다.[3] 그 이유는 중국 같은 집단주의 국가 사람들이 좌절을 겪을 경우 가족 구성원과 친척들로부터 재정적 도움을 받을 가능성이 더 높다는 사실 때문이다. 당신이 가진 문화가 보다 폭넓은 안전망을 제공한다면 기꺼이 모험을 감수하고자 할 것이다.

어느 국가에서든 지배적인 의사결정 스타일과 실무에서의 지배적인 의사결정 방식은 그 나라의 문화를 반영한다. 따라서 캐나다에서 훌륭한 결정을 규정하는 과정이 중국에서는 적절하게 생각되지 않을 수 있다. 그러므로 다른 국가 사람들이 당신과 똑같은 방식으로 결정을 내릴 것이라고 생각해서는 안 되며, 의사결정 과정이 서로 다르다고 해서 열등하다고 생각해서도 안 된다. 의사결정 이론에서 합리성은 이상화되어 있지만, 이 이론은 문화적으로 왜곡된 것이다. 그 주제에 대한 연구와 저술이 대부분 목표와 일관성을 중시하는 국가(미국, 캐나다, 유럽, 이스라엘) 사람들에 의해 실시되었기 때문이다. 합리성을 기준으로 훌륭한 결정을 판

> 어느 국가에서든 지배적인 의사결정 스타일과 실무에서의 지배적인 의사결정 방식은 그 나라의 문화를 반영한다.

난하시 않는 국가에서는 그곳에서 중시하는 것을 반영하여 의사결정을 조정해야 한다.

의사결정 Tip

- 다른 국가 사람들이 당신과 똑같은 방식으로 결정을 내린다고 생각하지 말라.
- 합리성은 의사결정 이론에서 이상화되어 있지만, 그것은 문화적으로 왜곡된 것이다.
- 합리성으로 훌륭한 결정을 판단하지 않는 국가에서는 그곳에서 중시되는 것을 반영하여 의사결정을 조정해야 한다.

에필로그

DECIDE & CONQUER

인생의 성공에 있어서 적절한 결정을 내리는 능력보다
더 중요한 기술은 없을 것이다.

chapter 42

무지가 행복이 아닌 이유

갈림길이 나오면, 걸어가 보라!
−Y. 베라 *Y. Berra*

당신은 이 책에서 많은 지면을 살펴보았다. 합리적인 의사결정이라는 개념과 합리적으로 되기가 매우 어려운 이유에 대해 배웠다. 당신은 여덟 가지 성격 검사를 받았고, 의사결정 측면에서 그 점수가 의미하는 바를 생각해 보았다. 당신은 우리 중 많은 이들이 의사결정 과정에서 범하는 열두 가지 이상의 편향성과 오류에 대해 읽었다. 예를 들어, 우리는 과신하는 경향이 있고, 가장 중요한 정보보다는 가장 입수하기 쉬운 정보에 의존하며, 대안을 제한하고, 탐색을 너무 일찍 끝낸다. 의사결정에 관한 팁은 이러한 편향성과 오류를 극복하도록 도와주기 위해 넣은 것이다. 마지막으로, 당신은 보다 나은 결정을 내릴 수 있게 하는 많은 제안을 읽었는데 그중 상당수는 반직관적이었다.

이 책을 읽은 후 무엇을 얻어야 하는가? 아래의 요점 정리에는 이 책에서 얻어야 할 것들을 제시해 놓고 있다.

■ 당신은 의사결정을 개선할 수 있다

인생의 성공에 있어서 적절한 결정을 내리는 능력보다 더 중요한 기술은 없을 것이다. 대부분의 사람들은 이러한 기술을 개발하는 데 있어 공식적인 교육을 거의, 또는 전혀 받지 않는다. 하지만 보다 나은 결정을 내리는 데 도움이 될 수 있는 상당한 지식은 분명 존재한다. 이 책은 당신에게 그러한 지식을 전해 주고자 집필한 것이다. 이 책의 주요 논지는 의사결정을 개선할 수 있다는 것이다. 나는 더 나은 의사결정을 방해하는 주요 장애 요인을 제시하고 이를 극복하기 위한 제안을 제공하고자 했다.

의사결정의 결과보다는 그 과정에 초점을 맞추었다. 훌륭한 의사결정은 달성된 결과가 아니라 결정 과정에 의해 판단되기 때문이다. 안타깝게도, 어떤 경우에는 '훌륭한 의사결정'이 바람직하지 못한 결과를 가져올 수도 있다. 그러나 올바른 과정을 이용했다면, 결과에 상관없이 훌륭한 의사결정을 내린 것이다.

> 인생의 성공에 있어서 적절한 결정을 내리는 능력보다 더 중요한 기술은 없을 것이다.

올바른 과정을 이용하는 방법에 대해 배우는 것은 쉬운 일이 아니다. 그것은 여러분에게 상당한 노력을 요구할 것이다. 현재 여러분의 나쁜 습관 중 상당수는 수십 년에 걸쳐 발달된 것이다. 그것을 좋은 습관으로 대체하는 것이

하룻밤 사이에 이루어지지는 않을 것이다. 이 책에 제시된 지침을 따르고, 때때로 이 책을 다시 읽어 개선할 수 있는 점을 상기시켜야 한다.

■ 모든 것은 목표에서 시작한다

이 책에서 목표의 중요성만큼 자주 나오는 주제는 없다. 모든 것은 목표에서 발전된다. 목표가 없으면 합리적이 될 수 없고, 중요한 결정과 중요하지 않은 결정을 구별할 수 없으며, 필요한 정보가 무엇인지 알지 못한다. 또한 어떤 정보가 적절하고 어떤 것이 적절하지 않은지 알지 못하고, 대안들 중에서 선택하기가 어렵다는 것을 알게 되며, 본인이 한 선택에 대해 후회할 가능성이 훨씬 높다.

당신에게는 장기적인 목표와 단기적인 목표가 필요하다. 또한 현재의 위치에서 원하는 위치로 데려갈 수 있는 계획이나 로드맵도 필요하다. 목표가 분명하면, 결정을 내리는 것이 얼마나 쉬운지 알게 될 것이다. 당신의 관심과 상관없는 대안들을 신속하게 제거할 수 있으며, 나중에 후회하게 될 결정을 크게 줄일 것이다.

■ 가능하면 합리적인 과정을 사용하라

효과적인 의사결정의 목표는 가능한 한 합리적이 되는 것이다. 그리고 합리적이란, 주어진 제약 내에서 일관되고 가치를 최대화하는 선택을 할 때다.

합리적인 의사결정 과정은 여섯 단계를 따른다. (1) 문제의 확인 및 정의, (2) 의사결정 기준들 확인, (3) 기준들에 가중치 부여, (4) 대안 생성, (5) 각 대안 평가, (6) 점수가 가장 높은 대안 고르기.

이러한 단계는 수월하고 시행하기가 비교적 쉬워 보이지만, 실제로는 전혀 그렇지 않다. 특히 복잡한 결정에 있어서 편향성, 성격 성향, 나쁜 습관 등은 모두 방해가 된다.

당신은 항상 일관성이 있어야 하는가? 그렇지 않다. 일관성으로 고민할 때, 당신은 변화에 대한 장벽을 세우고 있는 것이다. 대부분의 선진 사회는 일관성을 중시하고 일관되지 않은 행동을 경멸의 시선으로 바라보지만 때로는 융통성도 자산이 될 수 있다. 객관적으로 정당화할 수 있다면 일관적이지 않은 것도 괜찮다. 상황은 변화한다. 변화하는 환경으로 인해, 지난주나 지난달에는 적절한 결정이었던 것이 더 이상 최상의 선택이 아닐 수도 있다. 이전에 내린 결정이 반드시 잘못된 것은 아니며, 더 이상 환경에 맞지 않는 것일 수도 있다. 단지 외견상의 일관성을 유지하기 위해 계속해서 잘못된 길을 가는 것은 무모하다.

■ 아무 일도 하지 않는 데에도 비용이 든다

힘들거나 복잡한 결정에 직면했을 때, 많은 사람들의 자연스러운 반응은 아무것도 하지 않는 것이다. 이는 지나치게 주의하는 것이 나으며 지연에 따른 비용이 미미하거나 없다는 생각에서 나오는 것 같다. 그러나 나는 아무것도 하지 않으려는 결정도 결정이라고 강력하게 주장했다. 그것은 현상 유지를 위한 결정이다.

현상 유지가 바람직한 상태일 경우 현재의 위치에서 움직이지 않는 것이 적절하다. 그러나 어려운 선택을 회피하기 위해 현상 유지를 한다면, 이는 당신을 매우 불리한 상황에 처하게 할 수 있다.

현상 유지에 직접 문제를 제기하여 스스로에게 도전하라. 현재 상태에 너무 편안해지지 않기 위해, 또는 변화의 결과를 너무 두려워하지 않기 위해서는 가끔 스스로에게 다음과 같은 질문을 던져야 한다. 현재 가고 있는 길과 다른 경로를 따라가서는 안 되는 이유는 무엇인가? '왜 내가 변해야 하는가'에서 '왜 내가 변하지 말아야 하는가'로 틀을 바꿈으로써, 당신은 문제가 더 심각해지기 전에 대비책을 세우게 되고 문제에 대해 고심할 확률이 높아진다.

■ 본인의 성격 성향을 파악하라

"다른 모든 사람들과 하나도 다르지 않으면서도 당신은 독특해!"라는 농담조의 말이 있다. 아이러니하게도 이 말에는 어느 정도 진실이 있다. 우리는 각기 독특하지만, 유사한 방식으로 독특하다. 예를 들어, 성격에 대한 특성 이론가는 개개인들에게 공통적으로 나타나는 주요 성격 특성을 확인했다. 그러나 사람들은 각 특성의 정도 면에서 차이가 있다. 모험을 감수하려는 성향은 성격 특성이며, 사람에 따라 모험을 감수하고자 하는 의지에서는 차이가 있다.

이 책의 Part 2에서는 여덟 가지 성격 요인에 대해 짧은 검사를 실시했다. 의사결정 스타일, 모험을 감수하는 정도, 최대 만족 추구형인가 아니면 적당 만족형인가, 통제의 소재, 늑장 부리기, 충동성, 감정 통제, 과신 등이 그것이다. 이들이 의사결정에 영향을 주는 주요 성격 요인 모두는 아니지만, 어떻게 의사결정에 이르게 되고, 어떻게 최종 의사결정을 내리는지에 대해 몇 가지 귀중한 통찰을 제공한다. 예를 들어, 통제 소재 점수는 당신의 의사결정이 실제로 당신의 운명을 형성힌다고 믿는 정도에 대한 통찰을 제공한다. 그리고 충동성 점수는 순간적인 충동으로 결정을 내릴 가능성이 얼마나 많은지를 보여 주며, 미래보다는 현재에 초점을 맞출 가능성이 얼마나 되는지를 보여 준다.

당신은 스스로의 성향을 보다 잘 이해하고, 이러한 성향이 당신의 의사결정 효과성을 저해할 때 이를 수정하기 위해 성격 검사의 피드백을 잘 활용해야 한다.

■ 믿음을 무효화하는 정보를 찾아라

과신, 확증의 편향성(과거의 선택을 재확인하는 정보를 추구하는 것), 사후예견성에 대한 편향성(어떤 사건의 결과가 실제로 알려진 후 그 결과를 정확하게 예측했다고 잘못 믿음)에 대항하는 가장 효과적인 방법 중 하나는 우리의 믿음이나 추측과 반대되는 정보를 적극적으로 찾는 것이다. 우리가 틀릴 수도 있다는 사실을 여러 측면에서 분명하게 고려할 때, 우리가 실제보다 더 똑똑하다고 생각하는 경향성에 대해 이의를 제기하게 된다. 자신의 믿음이 틀렸다고 가정하고 대안적인 설명을 적극적으로 찾아내야만 우리는 자신에 대한 선의의 비판자가 될 수 있다. 우리의 믿음이 옳다면 면밀한 관찰을 견뎌낼 것이다. 우리의 믿음에 결점이 있다면, 이러한 접근 방법이 그 결점을 드러낼 것이다.

■ 공정한 제3자가 어떻게 상황을 다르게 보는지 생각해 보라

우리가 편향된 시각으로 볼 경우 상황을 다르게 보기는 어렵다. 우리의 태도, 동기, 기대, 흥미, 편향성, 그리고 과거의 경험은 객관성을 흐리게 한다. 이러한 편향성을 성공적으로 다루는 방법은 그 상황에서 멀리 떨어져 있는 제3자의 관점에서 바라보는 것이다. 해당 의사결정과 정서적으로 관여되어 있지 않고, 당신의 이전 의사결정과 그 결정에 투입한 부분, 호/불호, 틀 등을 통해 의사결정 상황을 보지 않은 다른 사람의 입장이 되어야 한다. 중요한 결정을 위해서는 타인의 충고를 받는 것도 고려해야 한다. 중립적인 제3자의 의견은 종종 당신이 제공할 수 없는 통찰과 관점을 제공할 수 있다.

■ 무작위로 발생하는 사건에서 의미를 창출하려 하지 말라

교육받은 사람은 원인–결과 관계를 찾도록 훈련 받았다. 어떤 일이 일어나면 우리는 그 이유를 묻는다. 그러한 생각은 분명 바람직하다. 하지만 부정적인 측면도 있다. 우리는 어떤 일이 우연히 일어날 때에도 이유를 찾는 경향이 있다. 그리고 이유를 찾지 못할 경우 종종 멋대로 이유를 만들어 내기도 한다.

우리는 세상의 일과 운명을 어느 정도 통제하고 있다고 믿고 싶지만, 현실 세계에는 항상 무작위로 일어나는 사건이 있다. 당신은 이러한 사실을 받아들이고, 실제로 정해진 방식을 따르는 사건과 우연히 일어난 사건을 구별할 수 있어야 하며, 무작위 사건에서 의미를 창출하려는 시도를 피할 수 있어야 한다.

인생에는 통제할 수 없는 사건이 있다는 사실을 받아들여야 한다. 의미 있게 설명할 수 있는 방식의 사건인지, 아니면 단지 우연의 일치인지 스스로에게 물어보아야 한다. 우연의 일치에서 의미를 창출하려 하지 말아야 한다.

■ 실수하는 것은 괜찮다

실수하는 것을 두려워하면 학습의 기회를 잃게 된다. 당신은 적극적인 결정을 회피하는 경향이 있다. 실패를 두려워하면 아무것도 하지 않거나 강요당할 때만 선택을 하게 된다. 그리고 실수를 두려워하면 모험을 감수하지 않으려 할 것이다. 대신 안전한 선택을 할 것이다.

많은 경우 안전한 선택이 최상의 선택이지만, 항상 그런 것은 아니다. 모험 감수를 옹호하고자 하는 것은 아니다. 오히려 신중하고, 현명하며, 선택적으로, 그리고 확률을 주의 깊게 고려하여 모험을 골라야 한다. 이익이 얼마가 됐건 간에 성공의 기회가 매우 적은 대안은 도박이나 다름없다. 그러나 단지 실패할 가능성이 있다는 이유로 성공 확률이 높은 기회를 놓쳐서는 안 된다.

■ 마지막 이야기

당신에게는 의사결정을 통해 미래를 통제할 권한이 있다. 이 책에서 제공한 제안을 이해하고 실행함으로써, 당신은 의사결정 과정을 개선하고 의사결정 성공 확률을 통계적으로 높일 수 있다. 무지는 행복이 아니다. 여러분은 이 책에 요약된 많은 연구에서 나온 통찰의 가치를 무시할 수도 있다. 아니면 오늘부터 그것을 적용하기 시작해 보다 효과적인 의사결정자가 될 수도 있다. 결정은 여러분의 몫이다!

DECIDE & CONQUER

참고문헌[*]

chapter 2   합리성의 추구

1. See, for example, R. Hastie and R. M. Dawes, *Rational Choice in an Uncertain World: The Psychology of Judgment and Decisio Making*, 2nd ed. (Thousand Oaks, CA: Sage, 2010), pp. 17-19; K. M. Galotti, *Making Decisions That Matter: How People Face Important Life Choices* (Mahwah, NJ: Erlbaum, 2002), pp. 3-4; and S. Williams, *Making Better Business Decisions* (Thousand Oaks, CA: Sage, 2002), 5-15.

2. See H. A. Simon, "Rationality in Psychology and Economics," *Journal of Business*, October 1986, pp. 209-24; G. Harman, "Rationality," in D. N. Osherson (ed.), *An Invitation to Cognitive Science: Thinking*, 2nd ed. (Cambridge, MA: MIT Press, 1995), pp. 175-211; and F. Eisenfuhr, M. Weber, and T. Langer, *Rational Decision Making* (New York: Springer, 2010).

3. See E. F. Harrison, *The Managerial Decision-Making Process*, 5th ed. (Stamford, CT: Cengage Learning, 1999), pp. 2-7.

chapter 3   합리적이기 힘든 이유

1. "Statistics Show You Are NOT Going to Be Killed by Terrorism," washingtonsblog. com; April 28, 2013. See also D. Gardner, *Risk: The Science and Politics of Fear* (London: Virgin Books, 2009).

---

[*]   제시된 참고문헌은 원서에 첨부된 참고문헌이다. 연도나 페이지 등 정보가 불충분한 참고문헌이 더러 있으나 원서에 첨부된 자료이니 만큼 부족하더라도 그대로 실었다. 장별로 논문의 수가 많지 않아 알파벳순으로 조정하지 않고 원문에 제시된 순서대로 그대로 실었으며 가급적 APA 형식에 따라 재구성하였다.

2. E. Shafir and R. A. LeBoeuf, "Rationality," in S. T. Fiske, D. L. Schacter, and C. Zahn-Waxler (eds.), *Annual Review of Psychology,* vol. 53 (Palo Alto, CA: Annual Reviews, 2002), pp. 491-517

3. J. G. March, *A Primer on Decision Making*(New York: Free Press, 1994), pp. 2-7; and D. Hardman and C. Harries, "How Rational Are We?" *Psychologist,* February 2002, pp. 76-79.

4. This section is based on R. J. Meyer and J. Wesley Hutchinson,"Bumbling Geniuses: The Power of Everyday Reasoning in Multistage Decision Making," in S. J. Hoch and H. C. Kunreuther (eds.), *Wharton on Making Decisions* (New York: Wiley, 2001), pp. 50-51; and H. A. Simon, *Administrative Behavior*, 3rd ed. (New York: Macmillan, 1976).

chapter 4   당신의 의사결정 스타일은?

1. This instrument is adapted, with permission, from S. G. Scott and R. A. Bruce, "Decision-Making Style: The Development and Assessment of a New Measure," *Educational and Psychological Measurement*, October 1995, pp. 818-31. For additional support, see R. Loo, "A Psychometric Evaluation of the General Decision-Making Style Inventory," *Personality and Individual Differences*, November 2000, pp. 895-905.

2. For a discussion of various decision-style questionnaires, see Y. Leykin and R. J. DeRubeis, "Decision-Making Styles and Depressive Symptomatology: Development of the Decision Styles Questionnaire," *Judgment and Decision Making*, December 2010, pp. 506-15.

3. See, for instance, J. C. Henderson and P. C. Nutt, "The Influence of Decision Style on Decision Making Behavior," *Management Science*, April 1980, pp. 371-86; and D. Keirsey, *Please Understand Me II* (Del Mar, CA: Prometheus Nemesis, 1998).

chapter 5   당신은 모험을 무릅쓰는 사람인가

1. Adapted, with permission, from N. Kogan and M. A. Wallach, *Risk Taking: A Study in Cognition and Personality* (New York: Holt, Rinehart and Winston, 1964), pp. 256-61.

chapter 6 　당신은 최대 만족 추구형인가, 아니면 적당 만족형인가

1. This instrument was created exclusively for this book by Stephen P. Robbins.

2. A. M. Parker, W. B. Bruin, and B. Fischhoff, "Maximizers Versus Satisficers: Decision-Making Styles, Competence, and Outcomes," *Judgment and Decision Making*, December 2007, pp. 342-50; and A. Roets, B. Schwartz, and Y. Guan, "The Tyanny of Choice: A Cross-Cultural Investigation of Maximizing- Satisficing Effects on Well-Being," Judgment and Decision Making , November 2012, pp. 689-704.

chapter 7 　누가 당신의 운명을 좌우하는가

1. This instrument was created exclusively for this book by Stephen P. Robbins.

2. J. B. Rotter, "Generalized Expectancies for Internal Versus External Control of Reinforcement," *Psychological Monographs*, 80, no. 609 (1966); T. W. H. Ng, K. L. Sorensen, and L. T. Eby, "Locus of Control at Work: A Meta-Analysis," *Journal of Organizational Behavior*, December 2006, pp. 1057-87.

chapter 8 　당신은 늑장 부리는 사람인가

1. This instrument was created exclusively for this book by Stephen P. Robbins.

2. N. Milgram and R. Tenne, "Personality Correlates of Decisional and Task Avoidant Procrastination," *European Journal of Personality*, March-April 2000, p. 141.

3. See, for instance, A. H. C. Chu and J. N. Choi, "Rethinking Procrastination: Positive Effects of 'Active' Procrastination Behavior on Attitudes and Performance," *The Journal of Social Psychology*, June 2005, pp. 245-64.

chapter 9 　당신은 충동적인가

1. Based on E. S. Barratt, "Impulsiveness Subtraits: Arousal and Information Processing," in J. T. Spence and C. E. Izard (eds.), *Motivation, Emotion, and Personality* (Amsterdam: Elsevier Science, 1985), pp. 137-46; and J. H. Patton, M. S. Stanford, and E. S. Barratt, "Factor Structure of the Barratt Impulsivenes s Scale," *Journal of Clinical Psychology*, November 1995, pp. 768-74. Reprinted with permission.

2. J. H. Patton, M. S. Stanford, and E. S. Barratt, "Factor Structure of the Barratt Impulsiveness Scale."

3. Ibid.

chapter 10   당신의 감정을 스스로 조절할 수 있는가

1. Based on M. Watson and S. Greer, "Development of a Questionnaire Measure of Emotional Control," *Journal of Psychosomatic Research*, vol. 27, no. 4, 1983, pp. 299-305. Reprinted with permission.

chapter 11   당신은 과도한 확신을 가지고 있는가

1. Adapted from J. E. Russo and P. J. H. Schoemaker, *Winning Decisions: Getting It Right the First Time* (New York: Doubleday, 2002), p. 80. Reprinted with permission.

2. Ibid.

3. Ibid., p. 78.

chapter 13   당신은 어떻게 그렇다고 확신할 수 있는가

1. S. Plous, *The Psychology of Judgment and Decision Making* (New York: McGraw Hill, 1993), p. 217.

2. S. Highhouse, "Judgment and Decision-Making Research: Relevance to Industrial and Organizational Psychology," in N. Anderson, et al. (eds.), *Handbook of Industrial, Work & Organizational Psychology*, vol. 2 (Thousand Oaks, CA: Sage, 2001), p. 320.

3. S. Lichtenstein and B. Fischhoff, "Do Those Who Know More Also Know More About How Much They Know?" *Organizational Behavior and Human Performance*, December 1977, pp. 159-83.

4. B. Fischhoff, P. Slovic, and S. Lichtenstein, "Knowing with Certainty: The Appropriateness of Extreme Confidence," *Journal of Experimental Psychology: Human Perception and Performance*, November 1977, pp. 552-64.

5. Cited in College Board *Student Descriptive Questionnaire*, 1976-77. Princeton, NJ: Educational Testing Service.

6. R. J. Burke, "Why Performance Appraisal Systems Fail," *Personnel Administration*, June 1972, pp. 32-40.

7. See, for instance, N. D. Weinstein, "Unrealistic Optimism About Future Life Events," *Journal of Personality and Social Psychology*, November 1980, pp. 806-20; and "Economic Predictions: Personal Future Seems Brightest," *Psychology Today*, October 1989, p. 16.

8. K. Agrawal, "A Conceptual Framework of Behavioral Biases in Finance," *IUP Journal of Behavioral Finance*, March 2012, pp. 7-18.

9. M. H. Bazerman, *Judgment in Managerial Decision Making*, 5th ed. (New York: Wiley, 2002), p. 100.

10. S. Plous, *The Psychology of Judgment and Decision Making*, p. 230.

11. J. Kruger and D. Dunning, "Unskilled and Unaware of It: How Difficulties in Recognizing One's Own Incompetence Lead to Inflated Self-Assessments," *Journal of Personality and Social Psychology*, November 1999, pp. 1121-34.

12. B. Fischhoff, P. Slovic, and S. Lichtenstein, "Knowing with Certainty: The Appropriateness of Extreme Confidence."

13. These conclusions were based on J. E. Russo and P. J. H. Schoemaker, "Managing Overconfidence," *Sloan Management Review*, Winter 1992, pp. 11-12; and D. M. Messick and M. H. Bazerman, "Ethical Leadership and the Psychology of Decision Making," *Sloan Management Review*, Winter 1996, pp. 17-19.

14. A. Koriat, S. Lichtenstein, and B. Fischhoff, "Reasons for Confidence," *Journal of Experimental Psychology: Human Learning and Memory*, March 1980, pp. 107-18; and J. E. Russo and P. J. H. Schoemaker, "Managing Overconfidence," pp. 12-14.

15. "Zero-Defect Decision Making," *INC.*, March 2002, p. 117.

16. A. Caputo, "A Literature Review of Cognitive Biases in Negotiation Processes," *International Journal of Conflict Management*, vol. 24, no. 4, 2013, pp. 374-98.

chapter 14 내일 할 수 있는 일은 절대로 오늘 하지 마라

1. N. Milgram and R. Tenne, "Personality Correlates of Decisional and Task Avoidant Procrastination," *European Journal of Personality*, March-April 2000, p. 141.

2. D. Ariely, *The Upside of Irrationality* (New York: HarperCollins, 2010), p. 5.

3. J. R. Ferrari, J. J. Johnson, and W. C. McCown, Procrastination and Task Avoidance: *Theory, Research, and Treatment* (New York: Plenum, 1995), p. 220.

4. See, for instance, G. Beswick, E. D. Rothblum, and L. Mann, "Psychological Antecedents of Student Procrastination," *Australian Psychologist*, July 1988, pp. 207-17; and J. R. Ferrari and J. F. Dovidio, "Examining Behavioral Processes in Indecision: Decisional Procrastination and Decision-Making Style," *Journal of Research in Personality*, March 2000, pp. 127-37.

5. See I. L. Janis and L. Mann, *Decision Making: A Psychological Analysis of Conflict, Choice, and Commitment* (New York: Free Press, 1977); and A. Tversky and E. Shafir, "Choice Under Conflict: The Dynamics of Deferred Decision," *Psychological Science*, November 1992, pp. 358-61.

6. A. Tversky and E. Shafir, "Choice Under Conflict," p. 358.

7. Ibid.

8. See O. E. Tykocinski, T. S. Pittman, and E. E. Tuttle, "Inaction Inertia: Foregoing Future Benefits as a Result of an Initial Failure to Act," *Journal of Personality and Social Psychology*, May 1995, p. 794.

9. N. Milgram and R. Tenne, "Personality Correlates of Decisional and Task Avoidant Procrastination," p. 142.

10. D. Ariely and K. Wertenbroch, "Procrastination, Deadlines, and Performance: Self-Control by Precommitment," *Psychological Science*, May 2002, pp. 219-24.

11. B. O'Neill, "Overcoming Inertia: Do Automated Saving and Investing Strategies Work?" *Journal of Family and Economic Issues*, June 2007, pp. 321-35.

chapter 15   나는 이것을 원해, 그리고 지금 당장 원해!

1. D. P. Ray and Y. Ghahremani, "Credit Card Statistics, Industry Facts, Debt Statistics," creditcards.com; January 2014.

2. Ibid.

3. See, for instance, T. O'Donoghue and M. Rabin, "The Economics of Immediate Gratification," *Journal of Behavioral Decision Making*, April/June 2000, pp. 233-50.

4. D. Goleman, *Emotional Intelligence* (New York: Bantam, 1995).

5. See, for instance, W. Mischel, E. B. Ebbesen, and A. R. Zeiss, "Cognitive and Attentional Mechanisms in Delay of Gratification," *Journal of Personality and*

Social Psychology, February 1972, *pp.* 204-18.

chapter 16   닻 효과

1. See, for instance, A. Tversky and D. Kahneman, "Judgment Under Uncertainty: Heuristics and Biases," *Science*, September 1974, pp. 1124-31.

2. J. S. Hammond, R. L. Keeney, and H. Raiffa, *Smart Choices* (Boston: HBS Press, 1999), p. 191.

3. R. Hastie, D. A. Schkade, and J. W. Payne, "Juror Judgments in Civil Cases: Effects of Plaintiff's Requests and Plaintiff's Identity on Punitive Damage Awards," *Law and Human Behavior*, August 1999, pp. 445-70.

4. G. B. Northcraft and M. A. Neale, "Experts, Amateurs, and Real Estate: An Anchoring-and-Adjustment Perspective on Property Pricing Decisions," *Organizational Behavior and Human Decision Processes*, February 1987, pp. 84-97.

5. T. Mussweiler and F. Strack, "Considering the Impossible: Explaining the Effects of Implausible Anchors," *Social Cognition*, April 2001, pp. 145-60.

6. S. Plous, *The Psychology of Judgment and Decision Making* (New York: McGraw, 1993), p. 152.

7. Ibid.

8. J. S. Hammond, R. L. Keeney, and H. Raiffa, *Smart Choices*, pp. 191-93.

chapter 17   믿게 되면 보일 것이다

1. D. C. Dearborn and H. A. Simon, "Selective Perception: A Note on the Departmental Identification of Executives," *Sociometry*, June 1958, pp. 140-44.

2. R. P. Vallone, L. Ross, and M. R. Lepper, "The Hostile Media Phenomenon: Biased Perception and Perceptions of Media Bias in Coverage of the Beirut Massacre," *Journal of Personality and Social Psychology*, September 1985, pp. 577-85.

3. C. G. Lord, L. Ross, and M. R. Lepper, "Biased Assimilation and Attitude Polarization: The Effects of Prior Theories on Subsequently Considered Evidence," *Journal of Personality and Social Psychology*, November 1979, pp. 2098-2109.

chapter 18 나는 내가 원하는 것만 듣는다

1. P. C. Wason, "On the Failure to Eliminate Hypotheses in a Conceptual Task," *Quarterly Journal of Experimental Psychology*, August 1960, pp. 129-40; R. S. Nickerson, "Confirmation Bias: A Ubiquitous Phenomenon in Many Guises," *Review of General Psychology*, June 1998, pp. 175-220; and E. Jonas, S. Schulz-Hardt, D. Frey, and N. Thelen, "Confirmation Bias in Sequential Information Search After Preliminary Decisions," *Journal of Personality and Social Psychology*, April 2001, pp. 557-71.

2. M. Bazerman, R. Beekun, and F. Schoorman, "Performance Evaluation in a Dynamic Context: A Laboratory Study of the Impact of Prior Commitment to the Ratee," *Journal of Applied Psychology*, December 1982, pp. 873-76.

3. J. E. Russo and P. J. H. Schoemaker, *Winning Decisions* (New York: Doubleday, 2002), p. 84.

4. M. Lewicka, "Confirmation Bias: Cognitive Error or Adaptive Strategy of Action Control?" in M. Kofta, et al. (eds.), *Personal Control in Action: Cognitive and Motivational Mechanisms* (New York: Plenum Press, 1998), pp. 233-58.

5. See, for instance, C. R. Mynatt, M. E. Doherty, and R. D. Tweney, "Consequences of Confirmation and Disconfirmation in a Simulated Research Environment," *Quarterly Journal of Experimental Psychology*, August 1978, pp. 395-406.

6. J. S. Hammond, R. L. Keeney, and H. *Raiffa, Smart Choices* (Boston: HBS Press, 1999), p. 200.

chapter 19 잔의 반이 비었는가, 아니면 반이 차 있는가

1. I found this story retold in a number of places. For instance, see J. S. Hammond, R. L. Keeney, and H. Raiffa, *Smart Choices* (Boston: HBS Press, 1999), p. 200; and J. E. Russo and P. J. H. Schoemaker, *Winning Decisions* (New York: Random House, 2002), p. 39. The actual source is unknown.

2. See, for example, A. Tversky and D. Kahneman, "The Framing of Decisions and the Psychology of Choice," *Science*, January 1981, pp. 453-58; D. Frisch, "Reasons for Framing Effects," *Organizational Behavior and Human Decision Processes*, April 1993, pp. 399-429; and R. M. Entman, "Framing: Toward Clarification of a Fractured Paradigm," *Journal of Communication*, Autumn 1993, pp. 51-58.

3. J. E. Russo and P. J. H. Schoemaker, *Winning Decisions* (New York: Doubleday, 2002), p. 28.

4. Ibid., p. 37.

5. D. Kahneman and A. Tversky, "Prospect Theory: An Analysis of Decision Under Risk," *Econometrica*, March 1979, pp. 263-91.

6. D. K. Wilson, R. M. Kaplan, and L. J. Schneiderman, "Framing of Decisions and Selection of Alternatives in Health Care," *Social Behaviour*, March 1987, pp. 51-59.

chapter 20   최근에 당신이 나를 위해 한 일은 무엇인가

1. See, for instance, "Three Missing Women Rescued from Cleveland Home," washingtonpost.com; May 7, 2013.

2. D. Finkelhor, "Five Myths About Missing Children," washingtonpost.com; May 10, 2013.

3. See A. Tversky and D. Kahneman, "Availability: A Heuristic for Judging Frequency and Probability," in D. Kahneman, P. Slovic, and A. Tversky (eds.), *Judgment Under Uncertainty: Heuristics and Biases* (Cambridge: Cambridge Press, 1982), pp. 163-78.

chapter 21   외관은 현혹시킬 수 있다

1. Cited in J. Simons, "Improbable Dreams," *U.S. News & World Report*, March 24, 1997, p. 46.

2. See D. Kahneman and A. Tversky, "On the Psychology of Prediction," *Psychological Review*, July 1973, pp. 251-73; and A. Tversky and D. Kahneman, "Judgment Under Uncertainty: Heuristics and Biases," *Sciences*, September 1974, pp. 1124-31.

3. A. Tversky and D. Kahneman, "Belief in the Law of Small Numbers," *Psychological Bulletin*, August 1971, pp. 105-10.

4. M. B. O'Higgins, *Beating the Dow* (New York: HarperBusiness, 2000).

5. A. Tversky and D. Kahneman, "Judgment Under Uncertainty,"p. 1127.

chapter 22   존재하지 않는 패턴 이해하기

1. See, for instance, E. F. Fama, "Random Walks in Stock Market Prices," *Financial*

Analysts Journal, September-October 1965, pp. 55-60.

2. B. Fischhoff and P. Slovic, "A Little Learning...: Confidence in Multicue Judgment Tasks," in R. Nicherson (ed.), *Attention and Performance*, vol. 8 (New Jersey: Erlbaum, 1980).

3. See, for example, N. Friedland, "Games of Luck and Games of Chance: The Effects of Luck-Versus-Chance-Orientation on Gambling Decisions," *Journal of Behavioral Decision Making*, September 1998, pp. 161-79; and M. H. Guindon and F. J. Hanna, "Coincidence, Happenstance, Serendipity, Fate, or the Hand of God: Case Studies in Synchronicity," *Career Development Quarterly*, December 2001, pp. 195-208.

4. See, for instance, A. James and A. Wells, "Death Beliefs, Superstitious Beliefs and Health Anxiety," *British Journal of Clinical Psychology*, March 2002, pp. 43-53.

5. J. L. Bleak and C. M. Frederick, "Superstitious Behavior in Sport: Levels of Effectiveness and Determinants of Use in Three Collegiate Sports," *Journal of Sport Behavior*, March 1998, pp. 1-15.

chapter 23   나는 내 주머니를 약간만 부풀려 주는 변화만을 좋아한다

1. Cited in C. Lake, "'Invest in What You Know'—lways a Good Idea?" InvestorPlace.com, October 9, 2013.

2. "Stock Superstar Who Beat the Street," *Wharton Alumni Magazine*, Spring 2007.

3. See H. Foad, "Familiarity Bias," in H. K. Baker and J. R. Nofsinger (eds.), *Behavioral Finance: Investors, Corporations, and Markets* (Hoboken, NJ: Wiley, 2010), pp. 277-94.

4. J. Nofsinger, "Mind on My Money," *Psychology Today*, July 25, 2008.

5. H. H. Cao, B. Han, D. Hirshleifer, and H. H. Zhang, "Fear of the Unknown: Familiarity and Economic Decisions," *Review of Finance*, January 2011, pp. 173-206.

6. H. Foad, "Familiarity Bias," p. 277.

7. C. Duhigg, "Psst, You in Aisle 5," *The New York Times Magazine*, March 2, 2012; pp. 30-37.

8. M. Koren, "Study Predicts Political Beliefs with 83 Percent Accuracy," Smithsonian.com; February 14, 2013.

9. K. N. Cytryn, Lay Reasoning and *Decision-Making Related to Health and Illness*

(Montreal: McGill University, 2001).

chapter 24 지나가버린 것이 언제나 잊혀지는 것은 아니다

1. See, for instance, H. Arkes and C. Blumer, "The Psychology of Sunk Costs," *Organizational Behavior and Human Decision Processes*, February 1985, pp. 124-40; and R. L. Leahy, "Sunk Costs and Resistance to Change," *Journal of Cognitive Psychology*, Winter 2000, pp. 355-71.

2. H. Arkes and C. Blumer, "The Psychology of Sunk Costs."

3. B. M. Staw and H. Hoang, "Sunk Costs in the NBA: Why Draft Order Affects Playing Time and Survival in Professional Basketball," *Administrative Science Quarterly*, September 1995, pp. 474-94.

4. See, for instance, R. Hastie and R. M. Dawes, *Rational Choice in an Uncertain World* (Thousand Oaks, CA: Sage, 2001), pp. 36-45.

5. H-T. Tan and J. F. Yates, "Sunk Cost Effects: The Influences of Instruction and Future Return Estimates," *Organizational Behavior and Human Decision Processes*, September 1995, pp. 311-20.

6. K. Kroll, "Rising Above Sunk Costs," *Industry Week*, September 4, 2000, pp. 19-21.

chapter 25 단순화하라

1. See, for instance, H. A. Simon, Administrative Behavior , 3rd ed. (New York: Macmillan, 1976); M. A. Goodrich, W. C. Stirling, and E. R. Boer, "Satisficing Revisited," *Minds & Machines*, February 2000, pp. 79-110; and D. E. Agosto, "Bounded Rationality and Satisficing in Young People's Web-Based Decision Making," *Journal of the American Society for Information Science and Technology*, January 2002, pp. 16-27.

2. J. Forester, "Bounded Rationality and the Politics of Muddling Through," *Public Administration Review*, January-February 1984, pp. 23-31; and G. Gigerenzer (ed.), *Bounded Rationality: The Adaptive Toolbox* (Cambridge, MA: MIT Press, 2001).

3. L. R. Beach, *Image Theory: Decision Making in Personal and Organizational Contexts* (Chichester, England: Wiley, 1990); C. Seidl and S. Traub, "A New Test of Image Theory," *Organizational Behavior and Human Decision Processes*, August

1998, pp. 93-116; L. R. Beach, ed., *Image Theory: Theoretical and Empirical Foundations* (Mahwah, NJ: Erlbaum, 1998); and L. D. Ordonez, L. Benson III, and L. R. Beach, "Testing the Compatibility Test: How Instructions, Accountability, and Anticipated Regret Affect Prechoice Screening of Options," *Organizational Behavior and Human Decision Processes*, April 1999, pp. 63-80.

chapter 26   전쟁터 한복판에서 이성을 잃는 것

1. See, for instance, R. Plutchik, *The Psychology and Biology of Emotion* (New York: HarperCollins, 1994).

2. K. Fiedler, "Emotional Mood, Cognitive Style, and Behavioral Regulation," in K. Fiedler and J. Forgas (eds.), *Affect, Cognition, and Social Behavior* (Toronto: Hogrefe Int., 1988), pp. 100-19; and T. Gilovich and V. H. Medvec, "The Experience of Regret: What, Why, and When," *Psychological Review*, April 1995, pp. 379-95.

3. D. Ariely, *The Upside of Irrationality* (New York: Harper Perennial, 2010), pp. 257-79.

4. G. Loewenstein, "Out of Control: Visceral Influences on Behavior," *Organizational Behavior and Human Decision Processes*, March 1996, pp. 272-92; and M. F. Luce, J. R. Bettman, and J. W. Payne, "Choice Processing in Emotionally Difficult Decisions," *Journal of Experimental Psychology: Learning, Memory, and Cognition*, March 1997, pp. 384-405.

5. M. der Hovanesian, "Master Your Market Mood Swings," *Business Week*, September 30, 2002, pp. 108-09.

chapter 27   누구를 비난하는가

1. J. M. Schlesinger and B. Gruley, "A Tale of a Broker and His Clients and an Era's End," *Wall Street Journal*, December 27, 2002, p. A1.

2. D. T. Miller and M. Ross, "Self-Serving Biases in the Attribution of Causality: Fact or Fiction?" *Psychological Bulletin*, March 1975, pp. 213-25; B. Mullen and C. A. Riordan, "Self-Serving Attributions for Performance in Naturalistic Settings: A Meta-Analytic Review," *Journal of Applied Social Psychology*, January 1988, pp. 3-22; and N. Epley and D. Dunning, "Feeling 'Holier Than Thou': Are Self-Serving Assessments Produced by Errors in Self- or Social Prediction?" *Journal of Personality and Social Psychology*, December 2000, pp. 861-75.

3. H. Seneviratne and B. Saunders, "An Investigation of Alcohol Dependent Respondents' Attributions for Their Own and 'Others' Relapses," *Addiction Research*, October 2000, pp. 439-53.

chapter 28 신기함이 없어지다

1. See, for instance, S. Frederick and G. Lowenstein, "Hedonic Adaptation," in D. Kahneman, E. Diener, and N. Schwarz (eds.), *Wellbeing: The Foundations of Hedonic Psychology* (New York: Russell Sage Foundation, 1999), pp. 302-29.

2. S. Adams, "Why Winning Powerball Won't Make You Happy," forbes.com; November 28, 2012.

3. P. Brickman, D. Coates, and R. Janoff-Bulman, "Lottery Winners and Accident Victims: Is Happiness Relative?" *Journal of Personality and Social Psychology*, August 1978, pp. 917-27.

4. See, for example, "How the Lives of 10 Lottery Millionaires Went Disastrously Wrong," money.co.uk; December 3, 2008; J. Doll, "A Treasury of Terribly Sad Stories of Lotto Winners," thewire. com; March 30, 2012; and "Powerball Winner Says He Regrets Winning Lottery," king5.com; September 26, 2013.

5. D. Ariely, *The Upside of Irrationality* (New York: Harper Perennial, 2010), pp. 185-88.

6. L. D. Nelson and T. Meyvis, "Interrupted Consumption: Disrupting Adaptation to Hedonic Experiences," *Journal of Marketing Research*, December 2008, pp. 654-64.

chapter 29 나는 언제나 그것을 알고 있었다

1. B. Fischhoff and R. Beyth, "'I Knew It Would Happen': Remembered Probabilities of Once-Future Things," *Organizational Behavior and Human Performance*, February 1975, pp. 1-16; S. A. Hawkins and R. Hastie, "Hindsight: Biased Judgments of Past Events After the Outcomes Are Known," *Psychological Bulletin*, May 1990, pp. 311-27; J. J. J. Christensen-Szalanski, "The Hindsight Bias: A Meta-Analysis," *Organizational Behavior and Human Decision Processes*, February 1991, pp. 147-68; R. L. Guilbault, F. B. Bryant, J. H. Brockway, and E. J. Posavac, "A Meta-Analysis of Research on Hindsight Bias," *Basic and Applied Social Psychology*, vol. 26, no. 2-3, 2004, pp. 103-17; and H. Blank, H. J. Musch, and R. F. Pohl, "Hindsight Bias: On Being Wise After the Event," *Social Cognition*, February 2007, pp. 1-9.

2. J. M. Bonds-Raacke, L. S. Fryer, S. D. Nicks, and R. T. Durr, "Hindsight Bias Demonstrated in the Prediction of a Sporting Event," *Journal of Social Psychology*, June 2001, pp. 349-52.

3. See, for instance, E. Erdfelder and A. Buckner, "Decomposing the Hindsight Bias: A Multinomial Processing Tree Model for Separating Recollection and Reconstruction in Hindsight," *Journal of Experimental Psychology: Learning, Memory, & Cognition*, March 1998, pp. 387-414.

4. F. B. Bryant and R. L. Guilbault, "'I Knew It All Along' Eventually: The Development of Hindsight Bias in Reaction to the Clinton Impeachment Verdict," *Basic & Applied Social Psychology*, March 2002, pp. 27-41.

5. B. Fischhoff, "Perceived Informativeness of Facts," *Journal of Experimental Psychology: Human Perception and Performance*, May 1977, pp. 349-58.

6. P. Slovic and B. Fischhoff, "On the Psychology of Experimental Surprises," *Journal of Experimental Psychology: Human Perception and Performance*, November 1977, pp. 544-51.

chapter 30 분명한 목표와 선호

1. R. J. Meyer and J. W. Hutchinson, "Bumbling Geniuses: The Power of Everyday Reasoning in Multistage Decision Making," in S. J. Hoch and H. C. Kunreuther (eds.), *Wharton on Making Decisions* (New York: Wiley, 2001), p. 44.

2. Ibid., pp. 46-47.

3. A. Tversky and E. Shafir, "Choice Under Conflict: The Dynamics of Deferred Decision," *Psychological Science*, November 1992, p. 358.

chapter 31 때로는 아무것도 하지 않는 것이 최선의 선택이다

1. C. J. Anderson, "The Psychology of Doing Nothing: Forms of Decision Avoidance Result from Reason and Emotion," *Psychological Bulletin*, January 2003, p. 140.

2. See, for instance, W. Samuelson and R. Zeckhauser, "Status Quo Bias in Decision Making," *Journal of Risk and Uncertainty*, March 1988, pp. 7-59; and S. K. Wolcott, "Getting Out of a Decision- Making Rut," *Beyond Numbers*, May 2009, pp. 8-10.

3. This assessment of time-shares is based on A. Roth, "Don't Buy It," *AARP The Magazine*, April/May 2014, pp. 20-22.

chapter 32　결정하지 않는 것도 역시 결정이다

1. O. E. Tykociński, T. S. Pittman, and E. E. Tuttle, "Inaction Inertia: Foregoing Future Benefits as a Result of an Initial Failure to Act," *Journal of Personality and Social Psychology*, May 1995, pp. 793-803; and M. van Putten, M. Zeelenberg, and E. van Dijk, "Decoupling the Past From the Present Attenuates Inaction Inertia," *Journal of Behavioral Decision Making*, January 2007, pp. 65-79.

2. T. Gilovich and V. H. Medvec, "The Experience of Regret: What, Why, and When," *Psychological Review*, April 1995, pp. 379-95.

chapter 35　정보가 많다고 해서 반드시 더 좋은 것은 아니다

1. G. A. Miller, "The Magical Number Seven, Plus or Minus Two: Some Limits on Our Capacity for Processing Information," *Psychological Review*, March 1956, pp. 81-97. See also, J. Schweickert and B. Boruff, "Short-Term Memory Capacity: Magic Number or Magic Spell?" *Journal of Experimental Psychology: Learning, Memory, & Cognition*, July 1986, pp. 419-25; and J. N. MacGregor, "Short-Term Memory Capacity: Limitation or Optimization?" *Psychological Review*, January 1987, pp. 107-108.

2. A. Bastardi and E. Shafir, "Nonconsequential Reasoning and Its Consequences," *Current Directions in Psychological Science*, December 2000, pp. 216-19.

chapter 36　아무리 좋은 것이라도 지나치면 싫증날 수가 있다

1. S. S. Iyengar and M. R. Lepper, "When Choice Is Demotivating: Can One Desire Too Much of a Good Thing?" *Journal of Personality and Social Psychology*, December, 2000, pp. 995-1006.

2. B. Schwartz, *The Paradox of Choice: Why More Is Less* (New York: Harper Perennial, 2004).

3. See, for instance, I. Simonson and A. Tversky, "Choice in Context: Tradeoff Contrast and Extremeness Aversion," *Journal of Marketing Research*, August 1992, pp. 281-95; E. Shafir, I. Simonson, and A. Tversky, "Reason-Based Choice," *Cognition*, October- November 1993, pp. 11-36; and R. Dhar, "Consumer Preference for a No-Choice Option," *Journal of Consumer Research*, September 1997, pp. 215-31.

4. B. Schwartz, "Self Determination: The Tyranny of Freedom," *American Psychologist*, January 2000, pp. 79-88.

5. B. Schwartz, A. Ward, J. Monterosso, S. Lyubomirsky, K. White, and D.R. Lehman, "Maximizing Versus Satisficing: Happiness Is a Matter of Choice," *Journal of Personality and Social Psychology*, November 2002, pp. 1178-97; A. M. Parker, W. B. Bruin, and B. Fischhoff, "Maximizers Versus Satisficers: Decision-Making Styles, Competence, and Outcomes," *Judgment and Decision Making*, December 2007, pp. 342-50; and A. Roets, B. Schwartz, and Y. Guan, "The Tyranny of Choice: A Cross-Cultural Investigation of Maximizing-Satisficing Effects on Well-Being," *Judgment and Decision Making*, November 2012, pp. 689-704.

chapter 37 과거의 결정을 곱씹지 마라

1. O. E. Tykocinski and T. S. Pittman, "The Consequences of Doing Nothing: Inaction Inertia as Avoidance of Anticipated Counterfactual Regret," *Journal of Personality and Social Psychology*, September 1998, pp. 607-16.

2. See, for instance, M. Zeelenberg, W. W. van Dijk, A. S. R. Manstead, and J. van der Pligt, "On Bad Decisions and Disconfirmed Expectancies: The Psychology of Regret and Disappointment," Cognition and Emotion , July 2000, pp. 521-41; and M. Zeelenberg, K. van den Bos, E. van Dijk, and R. Pieters, "The Inaction Effect in the Psychology of Regret," *Journal of Personality and Social Psychology*, March 2002, pp. 314-27.

3. M. Zeelenberg, "Anticipated Regret, Expected Feedback and Behavioral Decision Making," *Journal of Behavioral Decision Making*, June 1999, pp. 93-106.

4. M. Spranca, E. Minsk, and J. Baron, "Omission and Commission in Judgment and Choice," *Journal of Experimental Social Psychology*, January 1991, pp. 76-105.

5. V. H. Medvec, S. F. Madey, and T. Gilovich, "When Less Is More: Counterfactual Thinking and Satisfaction Among Olympic Medalists," *Journal of Personality and Social Psychology*, October 1995, pp. 603-10.

6. M. Zeelenberg, "Anticipated Regret, Expected Feedback and Behavioral Decision Making," pp. 102-03.

chapter 38 성공하는 사람들은 모험을 감수한다

1. R. N. Taylor and M. D. Dunnette, "Influence of Dogmatism, Risk- Taking Propensity, and Intelligence on Decision-Making Strategies for a Sample of Industrial Managers," *Journal of Applied Psychology*, August 1974, pp. 420-23.

2. V. H. Vroom and B. Pahl, "Relationship Between Age and Risk Taking Among Managers," *Journal of Applied Psychology*, October 1971, pp. 399-405.

3. D. Kahneman and A. Tversky, "Prospect Theory: An Analysis of Decision Under Risk," *Econometrica*, March 1979, pp. 263- 91; and C. H. Coombs and P. E. Lehner, "Conjoint Design and Analysis of the Bilinear Model: An Application of Judgments of Risk," *Journal of Mathematical Psychology*, March 1984, pp. 1-42.

4. H. Shefrin and M. Statman, "The Disposition to Sell Winners Too Early and Ride Losers Too Long: Theory and Evidence," *Journal of Finance*, July 1985, pp. 777-91.

5. D. A. Moore, T. R. Kurtzberg, C. R. Fox, and M. H. Bazerman, "Positive Illusions and Forecasting Errors in Mutual Fund Investment Decisions," *Organizational Behavior and Human Decision Processes*, August 1999, pp. 95-114.

chapter 39   실수를 하는 것은 괜찮다, 패배를 경험하지 않은 사람은 아무도 없다

1. Some famous "failures" cited in businessinsider.com, March 7, 2014.

2. B. F. Skinner, *The Behavior of Organisms: An Experimental Analysis* (New York: Appleton-Century-Crofts, 1938); and F. K. McSweeny and E. S. Murphy, *The Wiley Blackwell Handbook of Operant and Classical Conditioning* (Hoboken, NJ: Wiley-Blackwell, 2014).

3. A. Ellis, "The Role of Irrational Beliefs in Perfectionism," in G. L. Gordon and P. L. Hewitt (eds.), *Perfectionism: Theory, Research, and Treatment* (Washington, D.C.: American Psychological Association, 2002), pp. 217-29; and I. Kopylov, "Perfectionism and Choice," *Econometrica*, September 2012, pp. 1819-44.

4. R. O. Frost, P. Marten, C. Lahart, and R. Rosenblate, "The Dimensions of Perfectionism," *Cognitive Therapy and Research*, October 1990, pp. 449-68.

5. K. R. Blankstein, G. L. Flett, P. L. Hewitt, and A. Eng, "Dimensions of Perfectionism and Irrational Fears: An Examination with the Fear Survey Schedule," *Personality and Individual Differences*, September 1993, pp. 323-28.

6. R. O. Frost, P. Martin, C. Lahart, and R. Rosenblate, "The Dimensions of Perfectionism."

chapter 40   경험은 의사결정을 향상시킬 수 있다. 하지만…

1. Based on B. Breen, "What's Your Intuition?" *Fast Company* pp. 290-300.

2. See, for instance, R. N. Taylor, "Age and Experience as Determinants of Managerial Information Processing and Decision Making Performance," *Academy of Management Journal*, March 1975, pp. 74-81; M. A. Neale and G. B. Northcraft, "Experience, Expertise, and Decision Bias in Negotiation: The Role of Strategic Conceptualization," in B. Sheppard, M. Bazerman, and R. Lewicki (eds.), *Research on Negotiations in Organizations*, vol. 2 (Greenwich, CN: JAI Press, 1989); and M. A. Quinones, J. K. Ford, and M. S. Teachout, "The Relationship between Work Experience and Job Performance: A Conceptual and Meta- Analytic Review, *Personnel Psychology*, Winter 1995, pp. 887-910.

3. A. Tversky and D. Kahneman, "Rational Choice and the Framing of Decisions," in D. E. Bell and H. Raiffa (eds.), *Decision Making: Descriptive, Normative, and Prescriptive Interactions* (New York: Cambridge University Press, 1988), pp. 167-92.

4. J. E. Russo and P. J. H. Schoemaker, *Winning Decisions* (New York: Doubleday, 2002), p. 198.

5. See, for instance, S. J. Hoch, "Combining Models with Intuition to Improve Decisions," in S. J. Hoch and H. C. Kunreuther (eds.), *Wharton on Decision Making* (New York: Wiley, 2001), p. 97.

6. P. Slovic, B. Fischhoff, and S. Lichtenstein, "Facts Versus Fears: Understanding Perceived Risk," in D. Kahneman, P. Slovic, and A. Tversky (eds.), *Judgment Under Uncertainty: Heuristics and Biases* (New York: Cambridge University Press, 1982), p. 467.

7. See, for instance, W. McKelvey, *Outside the Box* (Ship Bottom, NJ: Eclipse Publishing, 1998); and C. Niessen, C. Swarowsky, and M. Leiz, "Age and Adaptation to Changes in the Workplace," *Journal of Managerial Psychology*, vol. 25, no. 4, 2010, pp. 356-83.

chapter 41   의사결정 방식은 성장한 문화의 영향을 받는다

1. Some of these insights on Saudi culture came from R. T. Moran, N. R. Abramson, and S. V. Moran, *Managing Cultural Differences*, 9th ed. (London: Routledge, 2014).

2. See, for instance, F. Kluckhohn and F. L. Strodtbeck, *Variations in Value Orientations* (Evanston, IL: Row, Peterson, 1961); G. Hofstede, *Culture's Consequences: International Differences in Work Related Values* (Beverly Hills, CA: Sage, 1980); and R. J. House, P. J. Hanges, M. Javidan, P. W. Dorfman, and V. Gupta (eds.), *Culture, Leadership, and Organizations: The GLOBE Study of 62*

Societies (Thousand Oaks, CA: Sage, 2004).

3.   C. K. Hsee and E. U. Weber, "Cross-National Differences in Risk Preference and Lay Predictions," *Journal of Behavioral Decision Making*, June 1999, pp. 165-79.